# C.H.BECK ▣ WISSEN

## in der Beck'schen Reihe

In einer großen Synthese faßt Karl Christ in diesem Buch die Geschichte der römischen Kaiserzeit zusammen. Er setzt ein mit der Wandlung des römischen Staates von der Republik zur Monarchie und bietet einen Überblick über den Verlauf der Ereignisgeschichte während der dreihundert Jahre zwischen Augustus und Diokletian. Darüber hinaus benennt und beschreibt er die Strukturelemente der kaiserzeitlichen Herrschaft, Gesellschaft, Wirtschaft, Kultur, Wissenschaft und Religion. Besonders erhellend sind die zahlreichen Hinweise auf die Probleme des antiken Großreiches, die maßgeblich zu seinem Untergang beitrugen.

*Karl Christ* lehrte bis zu seiner Emeritierung als Professor für Alte Geschichte an der Universität Marburg. Er gilt als einer der besten Kenner der Geschichte der römischen Kaiserzeit; seine große Darstellung dieser Epoche liegt im Verlag C. H. Beck bereits in der dritten Auflage vor (1995). Weitere bei C. H. Beck lieferbare Werke: *Römische Geschichte und deutsche Geschichtswissenschaft* (1982); *Die Römer. Eine Einführung in ihre Geschichte und Zivilisation* (3., überarbeitete Auflage, 1994); *Caesar. Annäherungen an einen Diktator* (1994); *Von Caesar zu Konstantin. Beiträge zur römischen Geschichte und ihrer Rezeption* (1996); *Hellas. Griechische Geschichte und deutsche Geschichtswissenschaft* (1999).

Karl Christ

# DIE RÖMISCHE KAISERZEIT

Von Augustus bis Diokletian

Verlag C.H. Beck

Mit 7 Abbildungen und 3 Karten

Die Deutsche Bibliothek – CIP-Einheitsaufnahme

*Christ, Karl:*
Die Römische Kaiserzeit / Karl Christ. – Orig.-Ausg. –
München : Beck 2001
   (C. H. Beck Wissen in der Beck'schen Reihe ; 2155)
   ISBN 3 406 47052 1

Originalausgabe
ISBN 3 406 47052 1

Umschlagabbildung: Kolosseum, fertiggestellt 80 n. Chr. in Rom,
Bildbearbeitung: Uwe Göbel
Umschlagentwurf von Uwe Göbel, München
© Verlag C. H. Beck oHG, München 2001
Satz: Kösel, Kempten
Druck und Bindung: Druckerei C. H. Beck, Nördlingen
Printed in Germany

*www.beck.de*

# Inhalt

# I. Einleitung

## Historische Stellung, Periodisierung, Perspektiven

Für die Geschichte Europas kommt der römischen Kaiserzeit eine fundamentale Bedeutung zu. Während dieser Epoche waren die wichtigsten Elemente der hellenistisch-römischen Zivilisation und deren Nachbarräume erstmals zu einer einzigen historischen Formation zusammengeschlossen. In dem weiten Raum zwischen den schottischen und den rumänischen Gebirgen, von den Karawanenstädten des Zweistromlandes bis zu den marokkanischen Oasen kam es zu Wechselbeziehungen einheimischer und römischer Kräfte, galt römisches Recht, umfing römische Administration die Lebensformen der Stämme und Städte, sicherten römische Heere und Flotten den sprichwörtlichen „römischen Frieden" im Inneren wie nach außen.

Trotz aller Defizite und Belastungen, die auch dieses Großreich mit sich brachte, wies der römische Historiker *Tacitus* (ca. 56–ca. 120 n. Chr.) in nüchterner Argumentation auf die Vorteile hin, die dieser Staat den einst unterworfenen Provinzialen brachte: „Ihr selbst befehligt gar nicht selten unsere Legionen, Ihr selbst verwaltet hier und anderswo Provinzen. Nichts ist Euch vorenthalten oder verschlossen. Der Nutzen, der von gepriesenen Kaisern ausgeht, kommt Euch in gleicher Weise zugute wie uns, obwohl Ihr in so weiter Entfernung lebt, die schlimmen unter unseren Kaisern aber fallen nur über die nächste Umgebung her." (*Historien* 4,74)

Aus größerer Distanz gab *Jacob Burckhardt* das folgende Gesamturteil ab: „Allein diese Zeit ist welthistorisch groß, unabhängig von Individuen, durch das Walten der Dinge. Denn im ersten und zweiten Jahrhundert nach Christo vollzogen sich die wichtigsten Konsequenzen des Weltreiches: Die gleichmäßige Einrichtung und Verwaltung der Provinzen; das Nachholen des Verabsäumten (Britannien, Dacien, Mesopotamien werden erobert); die ruhige Ausgestaltung der römischhellenistischen Bildung und ihre Ausbreitung bis in den äußersten Westen. Jetzt erst ist die ganze Welt im vollen geistigen Verkehr. Und dabei werden die Religionen entnationalisiert. Während Rom die gallischen Götter romanisiert, wird es selber orientalisiert." (*Historische Fragmente.* Hrsg. von W. Dürr. 1957,65 f.)

Nicht weniger bedeutsam ist die Stellung der Kaiserzeit innerhalb der römischen Geschichte. Diese wurde im europäischen Geschichtsbild Jahrhunderte hindurch durch die Dichotomie von römischer Republik und Kaiserzeit bestimmt. Unter „Kaiserzeit" ist dabei summarisch jene Epoche verstanden worden, in welcher das Imperium Romanum von Kaisern regiert wurde, das heißt in der Regel der Zeitraum zwischen Augustus und Romulus Augustulus, dem letzten Herrscher in der weströmischen Kaiserreihe, zwischen 27 v. und 476 n. Chr. Gelegentlich wurde die Epoche auch bis zum Ende der Regierung Justinians (565 n. Chr.) ausgeweitet. Nach verfassungsrechtlichen Kriterien ist sie in „Principat" (bis 284 n. Chr.) und den darauf folgenden „Dominat" untergliedert worden.

Im Zuge fortschreitender wissenschaftlicher Differenzierungen kam es schließlich zur Eingrenzung der Kaiserzeit im engeren Sinne (27 v.–284 n. Chr.), die hier skizziert werden soll, unter gleichzeitiger Trennung von der Spätantike. Das übliche Periodisierungsmodell unterscheidet dabei zwischen den Phasen der Iulisch-claudischen Dynastie (27 v.–68 n. Chr.), der Flavischen Dynastie (69–96 n. Chr.), des „Adoptiv-" oder „humanitären" Kaisertums (96–192 n. Chr.), der Severischen Dynastie (193–235 n. Chr.) und schließlich der „Soldatenkaiser" (235–284 n. Chr.).

Gerade für die Anfänge der römischen Kaiserzeit wäre es freilich unrichtig, von einer durchgehenden Diskontinuität gegenüber der römischen Republik auszugehen. Vielmehr blieben nicht wenige republikanische Formen und Institutionen, Wertvorstellungen wie religiöse Überzeugungen, administrative und militärische Strukturen, Rechtsnormen sowie gesellschaftliche und wirtschaftliche Grundlagen zunächst als mitprägende Elemente des Principats bestehen. Angesichts der

Beharrungskraft der republikanischen Tradition setzten sich die neuen Kräfte, Ordnungen und Gestaltungen erst in einem längeren Prozeß durch; bis in die Zeit der Flavier gab es nicht nur nostalgisch gestimmte, sondern überzeugte Anhänger der inzwischen verklärten römischen Republik.

Geschichtsbild und modernes wissenschaftliches Verständnis der römischen Kaiserzeit werden durch einen bemerkenswerten Wechsel der Perspektiven und Prioritäten sowie durch einen charakteristischen Pluralismus der Methoden gekennzeichnet. Grundlegend ist dabei die Dialektik zwischen Kaiser- und Reichsgeschichte, die letzten Endes auf die biographischen und annalistischen Formen der antiken Überlieferung zurückgeht. Bis in die Neuzeit standen zunächst Kaiser-, Hof- und Senatsgeschichte im Vordergrund, Kaiserbiographien und deren Sammlungen finden nach wie vor ein starkes Interesse, wobei allerdings der Anteil von Anekdoten und Klatsch hinter der systematischen Auswertung aller Geschichtsquellen weit zurücktritt.

Erst durch *Theodor Mommsen* (1817–1903) wurden dann einerseits verfassungs- und staatsrechtliche Betrachtungsweisen, andererseits die Geschichte der römischen Provinzen und jene der Grenzregionen des Imperiums in den Mittelpunkt gerückt. Mommsens Feststellung: „In den Ackerstädten Africas, in den Winzerheimstätten an der Mosel, in den blühenden Ortschaften der lykischen Gebirge und des syrischen Wüstenrandes ist die Arbeit der Kaiserzeit zu suchen und auch zu finden." (*Römische Geschichte.* 5.1885,4) wurde ebenso zum Programm wie die Äußerung in seinen Vorlesungen, daß „die Geschichte der Legionen in den meisten Beziehungen wichtiger (ist) als die der Kaiser." (*Römische Kaisergeschichte.* 1992, 295)

Im 20. Jahrhundert setzte dann *Michael I. Rostovtzeff* den Vorrang der Sozial- und Wirtschaftsgeschichte durch, *Anton von Premerstein* die soziologischen Aspekte bei der Beurteilung des Principats. *Ronald Syme* und im deutschsprachigen Gebiet zuletzt *Géza Alföldy* und *Werner Eck* erhellten Zusammenhänge und Wandel der kaiserzeitlichen Führungsschichten.

Unter Gegenwartsimpulsen und Spezialisierungszwängen wurde der Kanon des Forschungsfächers schließlich immer breiter und vielfältiger. Nach dem II. Weltkrieg dominierten zunächst die sozio-ökonomischen Erkenntnisinteressen, insbesondere die Untersuchungen zur antiken Sklaverei, die Stadtforschung sowie die Klärung der Principatsideologie. Strukturgeschichtliche, anthropologische, mentalitäts- und geschlechtergeschichtliche Arbeiten liegen in ersten Ansätzen vor. Neuerdings finden auch kultur- und religionsgeschichtliche Perspektiven wieder stärkere Beachtung – um den weiten Radius der Untersuchungen wenigstens anzudeuten. Der Zwang zur Integration der Resultate der Nachbardisziplinen, vor allem der Archäologie und der Provinzialforschung, ist daneben immer wichtiger geworden, das Wagnis zu Synthesen immer schwieriger. Dies gilt auch für dieses kleine Buch.

## II. Entstehung und Entwicklung des Principats

Die Krise der späten römischen Republik war eine Folge weitgehender wirtschaftlicher, gesellschaftlicher und politischer Veränderungen, eine Folge zugleich der Niederwerfung Karthagos, Griechenlands und großer Teile der hellenistischen Staatenwelt. Im Bereich der immer noch dominierenden römischen Agrarwirtschaft verdrängte die mit Sklaven betriebene „Villenwirtschaft" die alten kleinbäuerlichen Betriebe. (Nach einer Schätzung von *P. A. Brunt* lebten im augusteischen Italien bei einer Gesamtbevölkerung von rund 7,5 Millionen Einwohnern immerhin etwa 3 Millionen Sklaven.)

Spezialisierung, Marktorientierung, Effizienz wurden konsequent angestrebt, Weidewirtschaft großen Stils trat neben die alten Nutzungsformen. Die Verelendung weiter Teile des einstmals freien und staatstragenden Bauerntums, das auch durch Agrarreformen nicht mehr stabilisiert werden konnte, war der Preis der Modernisierung. In Rom kam es zur Konzentration verarmter Bürger sowie zur Ausbildung extremer sozialer Gegensätze.

Ausbreitung und Intensivierung von Handel und Geldwirtschaft, die nun den gesamten Mittelmeerraum zum Objekt römisch-italischer Unternehmer werden ließen, trugen ebenfalls zur Differenzierung des Wirtschafts- und Sozialgefüges bei. Charakteristisch ist dafür der Aufstieg von Angehörigen des Ritterstandes, die nun nicht mehr nur im agrarischen Bereich der italischen Municipien (Landstädte) hervortraten, sondern insbesondere in Handel, Bankwesen sowie als Mitglieder der Steuerpachtgesellschaften (*publicani*) bemerkenswerte Aktivitäten entfalteten.

Eine weitere Konsequenz der neuen Lage waren in römischen Augen der „Sittenverfall", die Phänomene von Korruption und Wucher, provozierendem Luxus, ersten Ansätzen von Frauenemanzipation in der Führungsschicht, Phänomene, die insgesamt nicht selten auf die Preisgabe der alten Religion oder auf die inzwischen anwachsenden griechischen Kultureinflüsse zurückgeführt wurden.

Die Fortsetzung der Expansionspolitik, der Zwang zur Abwehr von Invasionen – wie jener der Kimbern und Teutonen oder des Mithradates VI. von Pontos –, die Forderungen der mißbrauchten Bundesgenossen, die zur gefährlichen Eruption des Bundesgenossenkrieges (91–89 v. Chr.) führten, die großen Sklavenerhebungen, die im Spartacusaufstand (73–71 v. Chr.) gipfelten, brachten weitere, außerordentliche Belastungen. Sie sprengten den früheren gesellschaftlichen und politischen Konsens. Seit den Tagen der Gracchen (133–122 v. Chr.) wurde das öffentliche Leben in Rom durch die Kämpfe zwischen Optimaten und Popularen erschüttert. Dabei verstanden sich die Optimaten als Vorkämpfer der traditionellen senatorischen Interessenpolitik, die Popularen dagegen, gestutzt auf die Volksversammlungen, als Anwälte der Rechte aller römischen Bürger.

Die entscheidenden neuen Machtfaktoren formierten sich freilich an anderer Stelle: In den jahrelangen Kämpfen auf außeritalischen Kriegsschauplätzen waren aus den Formationen der jeweils nur kurzfristig dienenden römischen Bürgermiliz und den an ihrer Seite fechtenden Einheiten der Bundesgenossen langfristig dienende Heere geworden. An die Stelle der stets nur ein Jahr hindurch kommandierenden Obermagistrate traten die Inhaber großer, immer wieder verlängerter Imperien (umfassende Amtsvollmachten). Nicht mehr der Pluralismus der Adelsklientelen mit ihren wechselseitigen sozialen Bindungen, sondern das Massenphänomen der Heeresklientelen mit ihren existentiellen Abhängigkeiten vom jeweiligen Oberbefehlshaber wurde entscheidend.

Für die Soldaten des Marius, Sulla, Pompeius, Caesar und der übrigen Inhaber der Imperien in der späten Republik waren nicht mehr die Beschlüsse von Senat, Volksversammlung, die Entscheidungen der regulären Magistrate oder die Normen der römischen Verfassung bestimmend, sondern Erfolg oder Katastrophe „ihrer" Feldherrn. Von ihnen hingen Sold, Beute, Belohnungen und Versorgung ab, von ihren Siegen ihre gesamte materielle Existenz und Zukunft. Umgekehrt zögerten die Oberbefehlshaber dieser Heeresgruppen nur selten, das für außenpolitische Operationen mobilisierte Potential skrupellos in der römischen Innenpolitik einzusetzen.

Monarchische Herrschaft auf Dauer war in Rom seit den Tagen der frühen Republik, seit der „Vertreibung der Könige", tabuisiert und als Tyrannis gebrandmarkt. Für die Leitung der Administration des römischen Adelsstaates galten daher die Prinzipien der „Annuität" und der „Kollegialität". Das heißt, die komplexen Vollmachten der Magistrate (Konsuln, Prätoren usw.) wurden jeweils nur für die Dauer eines Amtsjahres verliehen, Iterationen (wiederholte Ausübung desselben Amtes) zunächst erschwert. Es kam hinzu, daß jede Magistratur – mit Ausnahme der Diktatur – gleichzeitig auch von mindestens zwei Amtsinhabern bekleidet wurde, um die längerfristige Machtbildung Einzelner zu verhindern.

Doch über den imperialen Anforderungen der späten Republik wurden diese Prinzipien ausgehöhlt. Nach einzelnen Kommandoverlängerungen ist schließlich die fünfjährige Dauer von Imperien, insbesondere in den Triumviraten von 60 (Pompeius, Crassus, Caesar) und 43 v. Chr. (Antonius, Lepidus, Oktavian), in beiden Fällen auch deren Verlängerung, üblich geworden. In beiden Fällen stand freilich dann am Ende ein Machtmonopol, zunächst dasjenige Caesars, zuletzt jenes Oktavians.

So grundlegend die bisher skizzierten Entwicklungen waren, sie reichen nicht aus, um den konkreten Verlauf des Geschehens in der späten römischen Republik angemessen zu vermitteln. Dafür ist, wie später für die Kaiserzeit, die Berücksichtigung jener „kolossalen Individualitäten" unumgänglich, die *Hegel* einst zur prägenden Signatur der Epoche erhob. Ohne die subjektiven Entscheidungen und Handlungen jener dominierenden Persönlichkeiten, der idealistischen Agrarreformer Tiberius und Gaius Gracchus, des militärisch erfolgreichen, politisch gescheiterten Troupiers Marius, des vor terroristischen Mitteln nicht zurückschreckenden Reaktionärs Sulla, des großen Organisators Pompeius und schließlich des Diktators Caesar – um nur diese zu nennen – hätten die Dinge gewiß einen anderen Verlauf genommen.

Die Vorgeschichte des Principats ist, insgesamt gesehen, nicht nur eine Geschichte des Wechsels der wirtschaftlichen und sozialen Strukturen, administrativer Normen, von außenpolitischen Erfolgen und Katastrophen (Carrhae 53 v. Chr.) sowie von innenpolitischen Machtverschiebungen und Gegensätzen, nicht nur das Resultat eines umfassenden, mittelfristigen Desintegrationsprozesses oder des Wirkens einzelner Persönlichkeiten. Viel wichtiger als all dies ist die Tatsache, daß die Geschichte der späten römischen Republik eine Geschichte von Gemetzeln, Elend und Brutalität, Zerstörungen und Konfiskationen, Raub und Plünderungen – und dies in allen Reichsteilen – gewesen ist.

Die Zahl von 80000 hingeschlachteten Römern und Italikern in der „Vesper von Ephesus" (88 v. Chr.), die Mithradates VI. veranlaßte, mag ebenso übertrieben sein wie jene der angeblich 1 192 000 Toten, die Caesar nach dem älteren *Plinius* (*Naturalis historia* 7,92) in seinen Feldzügen, ohne die Gefallenen des Bürgerkrieges, zu verantworten hatte. Doch der

Untergang von Zehntausenden von Bürgern, Bundesgenossen, Provinzialen und Feinden ist nicht zu bestreiten. Allein in den Proskriptionen unter Sulla (82 v. Chr.) und zu Beginn des 2. Triumvirats (43 v. Chr.) haben Tausende von Angehörigen der Führungsschicht ihr Vermögen, nicht selten auch das Leben verloren. Daneben stehen Terrorakte wie die Ausplünderung Athens unter Sulla (86 v. Chr.) oder die Vernichtung der gallischen *oppida* (stadtähnliche Siedlungen) unter Caesar, um nur diese Beispiele zu nennen.

Es ist sicher, daß jene Jahrzehnte vor allem eine Geschichte des Leidens und Leides waren, wobei man zu bedenken hat, daß die zahlreichen, für die Sieger erforderlichen Veteranenansiedlungen im Grunde entschädigungslose innerstaatliche Vertreibungen und Enteignungen gewesen sind. Am Ende war Italien jedenfalls ein erschöpftes, ausgeblutetes Land, in dem Freiheitsparolen und republikanische Floskeln nicht mehr zünden konnten, ein Land mit einer verzweifelten Bevölkerung, die nur noch Frieden, Sicherheit, Stabilität und eine ungefährdete Existenz wünschte.

Der entscheidende Wechsel zu den neuen Strukturen der römischen Kaiserzeit wurde von Caesar vorbereitet, von Augustus durchgeführt, von Tiberius (14–37 n. Chr.) behauptet. Um seine *dignitas*, seine Würde und Ehre, zu wahren, überzog *Caesar* den gesamten Mittelmeerraum mit Krieg. Nach seinem Sieg im Bürgerkrieg setzte er sich selbst absolut. Der geniale Kriegsherr drängte nun in jedem Bereich und im gesamten Imperium auf Gehorsam und Effizienz; die traditionellen Normen und Formen der römischen Republik banden ihn nicht mehr. Vor allem dachte der Diktator auf Lebenszeit nicht daran, sich den Erwartungen des Senats zu unterwerfen; er schreckte im Gegenteil vor Brüskierung nicht zurück.

Eine Heeresklientel von zuletzt etwa 200 000 Soldaten, die Unterstützung durch große Teile der römisch-italischen Bürgerschaft sowie durch soziale Aufsteiger aus den Provinzen und durch zuverlässige Klientelkönige sicherten seine Macht. Großzügige Bürgerrechtsverleihungen, die Anlage von über dreißig Kolonien, die Aufnahme bewährter Provinzialen in den

Senat zeigen, daß Caesars Stellung nicht auf neuen Institutionen, sondern auf ihm verpflichteten Personen aufbaute.

Die Flut seiner Edikte und Fallentscheidungen war durch ein hohes Maß von Rationalität gekennzeichnet, mochte es sich um die Kalenderreform oder um Großbauten handeln, um Tiberregulierung, Rechtsprechung, Schuldentilgung oder um die Begrenzung von Sozialleistungen. Obwohl Caesar das Scheitern seiner Integrationspolitik der *clementia* (Milde) verkannte, die Macht der Tradition unterschätzte und deshalb an den Iden des März 44 v. Chr. den Verschwörern um Brutus und Cassius zum Opfer fiel, war die Destruktion der Republik und damit faktisch der Herrschaft der Senatsaristokratie sein Werk. Er hat den entscheidenden Stoß geführt und als letzter Diktator Roms die Bresche für ein neues politisches Machtsystem geschlagen, eine Bresche, die nicht mehr zu schließen war.

Der von Caesar testamentarisch adoptierte Großneffe und Haupterbe *Gaius Octavius* (geb. 63 v. Chr.) betonte zwar zunächst demonstrativ seine enge Verbindung mit dem ermordeten Diktator und betrieb mit Hilfe von dessen großer Klientel sogleich eine konsequente Machtpolitik. Doch gleichzeitig bemühte er sich um die rechtliche Absicherung seiner Position. Entschlossen bemächtigte sich der Caesarerbe aller ihm erreichbarer staatlichen Mittel wie des persönlichen Potentials des Diktators, warb Veteranen an und Legionen ab und zahlte auch die Gelder aus, die Caesar in seinem letzten Willen jedem römischen Bürger vermacht hatte. Auf diese Weise gewann Oktavian rasch eine beträchtliche Popularität.

In den folgenden italischen Wirren zögerte er nicht, wiederholt die Fronten zu wechseln, vorübergehend Kompromisse einzugehen, einstige Gönner und Helfer, wie Cicero, zu opfern. Im Unterschied zu Caesar war und wurde er nie ein großer Feldherr; er begann lediglich als ehrgeiziger, skrupelloser, brutaler und unterschätzter Politiker. Dennoch gelang es ihm, seine Anhängerschaft ständig zu erweitern und sein Prestige zu mehren. Dies verdankte er nicht zuletzt einer intensiven Beeinflussung der Öffentlichkeit mit allen erdenklichen Mitteln sowie einer konsequenten Stilisierung seiner Macht, die zum bezeichnenden Merkmal der Anfänge des Principats werden sollte.

Als Oktavian nach dem Ende des großen Ringens gegen Antonius und Kleopatra (30 v. Chr.) und nach der Stabilisierung des Imperiums im Osten im Jahre 29 v. Chr. nach Rom zurückkehrte, begann ein sorgfältig geleiteter, längerer Prozeß der Verrechtlichung und Sicherung der Macht des Siegers. Es wurde weder eine neue Verfassung oktroyiert noch für Oktavian eine in sich geschlossene Machtstellung in Analogie zu Caesars Diktatur geschaffen, sondern sehr behutsam der Übergang zu einem neuen System vorbereitet.

Dazu zählen der aufsehenerregende dreifache Triumph des Jahres 29 v. Chr., der den Sieger und dessen militärische Verbände feierte, ein Jahr später die Wiederherstellung der öffentlichen Rechtsordnung durch die Anullierung aller illegalen Maßnahmen und Handlungen aus den Jahren des Triumvirats und schließlich, am 13. 1. 27 v. Chr., die demonstrative Rückgabe von Heeren, Provinzen und Verwaltung in die Hände des römischen Volkes und Senates.

Da Oktavian nach wie vor Konsul war und faktisch über eine immense Heeresklientel und Anhängerschaft verfügte, entstand indessen kein Machtvakuum. Zu einer selbständigen Politik waren weder Senat noch Volk in der Lage; sie konnten daher Oktavian aus seiner Verantwortung, Leitungsfunktion und Hilfe nicht entlassen. Nach einigem Zögern erklärte sich dieser zur Übernahme neuer Aufgaben, allerdings in räumlich wie zeitlich begrenztem Umfang, bereit. Auf keinen Fall wollte Oktavian jedoch eine, wie immer benannte, Alleinherrschaft antreten, sondern demonstrativ innerhalb des spätrepublikanischen Verfassungsrahmens bleiben.

Ein Bündel verschiedener, zunächst jeweils befristeter Kompetenzen bildete die staatsrechtliche Grundlage seiner überragenden Stellung: Ein *imperium proconsulare* für die noch nicht befriedeten oder gefährdeten Provinzen, darunter Spanien, Gallien und Syrien, eine Machtbefugnis, die deshalb mit der Kommandogewalt über den Großteil des römischen Heeres identisch war, bildete den Kern der neuen Machtbasis. In einer Krise des Jahres 23 v. Chr. wurde sie zu einem *imperium proconsulare maius* erweitert und galt somit für alle Provinzen. Dazu kamen, ebenfalls seit 23 v. Chr., die erweiterten Rechte des Volkstribunats und seit 19 v. Chr. ein *imperium consulare* für den Bereich der Stadt Rom. Auf die alljährliche Bekleidung des Konsulats selbst hat er dagegen seit 23 v. Chr. verzichtet.

Doch die Entwicklung blieb auch weiterhin im Fluß: Während einer Hungersnot ließ sich der „*Princeps*", der erste Mann im Staate, wie er sich selbst bezeichnete, bitten, die Leitung der Getreideversorgung Roms, die *cura annonae,* zu akzeptieren (22 v. Chr.). Zwei Jahre später übernahm er in gleicher Weise die Verantwortung für den Straßenbau, die *cura viarum.*

Aber wichtiger als alle Einzelheiten ist die Tatsache, daß sein Einfluß in allen Sparten der Administration des Imperiums, nicht zuletzt im Finanzsektor und in der Rechtsprechung, immer weiter anwuchs. Um seine vielfältigen Aufgaben meistern zu können, benutzte er weithin das Prinzip der Delegation seiner Amtgewalt, so wie dies bereits Pompeius praktiziert hatte. Für Rom und Italien führte der Princeps zudem eine administrative Neuordnung durch, die lange Zeit Bestand hatte. So wurde die Großstadt Rom nun in 14 Regionen und 265 *vici* (Stadtteile), Italien in 11 Regionen eingeteilt.

Der Senat erwiderte diesen Einsatz mit überschwenglichen Ehrungen. Neben dem Beinamen „*Augustus*" (der Erhabene) stand die Neuformulierung des Namens insgesamt: Augustus konnte sich fortan *Imperator Caesar divi filius Augustus* nennen. Ein goldener Ehrenschild rühmte seine bewährten Herrschertugenden: *virtus, clementia, iustitia, pietas* (Tugend, Milde, Gerechtigkeit, Frömmigkeit); der römische Sommermonat *Sextilis* hieß fortan Augustus – um nur Wichtigstes zu nennen. Später (2 v. Chr.) trat noch die Ehrung als *pater patriae* (Vater des Vaterlandes) hinzu. Damit war aus dem grausamen Revolutionär des Beginns ein allseits verehrter Herrscher geworden.

In Augustus' Selbststilisierung seines Wirkens in seinem „Tatenbericht", den weit verbreiteten *res gestae divi Augusti*, berief er sich auf seine *auctoritas principis*, auf die Macht persönlicher Leistungen, Geltung und Autorität. Er konnte behaupten, keine Magistratur widerrechtlich bekleidet zu haben und auch nicht mehr an Amtsgewalt besessen zu haben als seine Kollegen in der Magistratur.

Auch hier begegnen somit jene bezeichnende Stilisierung und jener Kontrast zwischen Realität und Ideologie, jene Spannung, die den gesamten Principat durchziehen sollte. Mit all dem ist auch offenkundig, daß die Bezeichnung „Kaiser Augustus" inadäquat erscheinen muß. Der Begriff „Kaiser" löst irreführende Assoziationen aus und verdeckt sowohl den Prozeßcharakter der Profilierung des Principats als auch den kontinuierlichen Kampf um die Behauptung und Sicherung der Macht.

Das für die augusteische Epoche kennzeichnende Wechselspiel zwischen den Leistungen und Ehrungen des Augustus erfaßte schon früh auch die religiöse Sphäre. Dies gilt insbesondere für den Osten des Imperiums, wo auf ihn bald die Vorstellungen der hellenistischen Königskulte übertragen wurden, er selbst indessen lediglich seine gemeinsame kultische Verehrung zusammen mit der Göttin *Roma* zuließ. So erklären sich die ersten, schon 29 v. Chr. entstandenen Roma- und Augustus-Tempel in Pergamon und Nicomedia, die den Auftakt für weitere Stiftungen in Kleinasien bildeten.

Im Westen erlangte der 12 v. Chr. eingerichtete Roma- und Augustus-Kult in Lugdunum (Lyon) größere Bedeutung. Er wurde von einer Kultgemeinschaft von sechzig gallischen Stämmen getragen und war, wie auch in anderen Provinzen, mit der Institution eines sogenannten Provinziallandtags verknüpft, der jedoch überwiegend nur als Stätte von Loyalitätsakten diente. In Rom selbst wurde lediglich der Genius des Augustus im Zusammenhang mit den Laren offiziell verehrt, dies insbesondere in dem neu organisierten „Kompitalkult" der einzelnen Stadtviertel.

*Die äußere Politik* des Augustus wird durch den Wechsel defensiver und offensiver Phasen gekennzeichnet. Zwar waren militärische Erfolge zur Legitimation des Principats unumgänglich, doch Vorrang besaß die Stabilisierung des Imperiums. Dies insbesondere deswegen, weil zunächst – bei den Kantabrern wie in Gallien, in Illyrien wie in Thrakien – gefährliche Aufstände niederzuwerfen waren, die römische Vorherrschaft auch in Rückzugsgebieten durchgesetzt und intensiviert werden mußte. Die von Caesar vorbereitete Gegenoffensive gegen die Parther wurde deshalb nach einem diplomatischen Kompromiß aufgegeben, der römische Einfluß in Armenien immerhin behauptet, ein kurzfristiger Vorstoß nach Arabien nicht wiederholt.

Der stärkste Einsatz erfolgte im Norden: Die Unterwerfung der Alpenstämme und des Alpenvorlandes, vor allem aber die Sicherung der Rheingrenze und die Vorstöße bis zur Elbe setzten hier neben der Ausdehnung römischer Herrschaft im Donauraum die stärksten Akzente. Doch die großen Erfolge der Stiefsöhne des Augustus, des Tiberius und des älteren Drusus, in Germanien wurden in der Varuskatastrophe des Jahres 9 n. Chr. vertan. Auch in diesem Sektor ist somit die Diskrepanz zwischen den ideologischen Formeln eines *imperium sine fine,* einer Weltherrschaft, und dem tatsächlich Erreichten typisch.

Wenn die Herrschaft des Augustus lange Zeit als eine klassische Epoche der Menschheitsgeschichte idealisiert wurde, so liegt dies nicht zuletzt daran, daß sie mit dem *kulturellen* Höhepunkt Roms identifiziert und mit dem klassischen Athen unter Perikles verglichen werden konnte. Waren für Caesars Zeit vor allem Cicero, Lukrez, Catull und Varro repräsentativ, so für jene des Augustus die „Klassiker" Vergil, Horaz und Livius, denen Tibull, Properz und Ovid folgten. Doch auch Pompeius Trogus, Asinius Pollio, Vitruv, Strabo und Diodor zählten zu den führenden literarischen Persönlichkeiten der Zeit, die in den verschiedensten Gestaltungsformen einen erstaunlichen Gipfel erreichten. Die Auseinandersetzung mit griechischen und hellenistischen Impulsen hatte dabei zu durchaus originellen römischen Leistungen geführt, in vielen Sparten war ein Grundzug zur Systematisierung der Tradition zu beobachten.

Ähnliches gilt für den weiten Bereich der Künste. Neben dem Abschluß der caesarischen Großbauten prägten Meisterwerke wie die *Ara Pacis Augustae* (Altar des Augusteischen Friedens) oder die Augustusstatue von Primaporta den Kanon der Epoche. Eine Vielzahl restaurierter und neugebauter Tempel, die Wiederherstellung des Kapitols und des Pompeiustheaters, aber auch Neubauten wie das Augustusforum und das Marcellustheater gestalteten das augusteische Rom. Tempel, Triumphbögen und weitere repräsentative Bauten entstanden auch im gesamten Imperium, auf der Akropolis wie auf der Insel Philae in Oberägypten, in Kleinasien wie in besonderer Dichte und Qualität im Raum der Provence. Der äußere Glanz der Epoche ist unübersehbar.

Augustus ging es von Anfang an darum, dem neuen politischen System Dauer zu verschaffen. Aber die *Nachfolgefrage* war deswegen delikat, weil ihm kein Sohn geschenkt wurde und die dynastischen Regelungen der hellenistischen Monarchien in Rom zunächst nicht akzeptabel erschienen. So suchte der Princeps nach personellen Alternativen, scheiterte aber in allen Fällen. Nachdem die designierten Nachfolger, Marcellus, der Sohn von Augustus' Schwester Octavia, Marcus Agrippa, der alte Freund und Kampfgefährte des Herrschers, Augustus' Enkel Gaius und Lucius Caesar, sämtlich vorzeitig gestorben waren, adoptierte Augustus schließlich seinen ungeliebten Stiefsohn Tiberius und gleichzeitig auch Agrippa Postumus, den Sohn des Agrippa und der Augustustochter Iulia. Tiberius hatte seinerseits Germanicus, den Sohn seines Bruders Drusus, zu adoptieren. Auf diese Weise war zwar am Ende tatsächlich die Nachfolge von Angehörigen des iulisch-claudischen Hauses gesichert, gleichzeitig jedoch auch neue Wirren innerhalb dieser Verwandtschaft programmiert.

Für die Regierung des *Tiberius* (14–37 n. Chr.) wurden die Normen und Strukturen des augusteischen Systems bindend. „Der konstitutionellste Monarch, den Rom gehabt hat" (Th. Mommsen), suchte zunächst das Zusammenwirken von Princeps und Senat zu stärken und zu festigen. Doch der erst als

Mittfünfziger zur Macht gelangte, Jahrzehnte hindurch als Feldherr von Rom abwesende, erfolgreiche Heerführer, ein Mann des Befehlens und Gehorchens, der übertriebene Ehrungen ebenso zurückwies wie die Servilität beflissener Senatoren, war für seine Aufgabe denkbar ungeeignet.

Meutereien in Niedergermanien und in Pannonien wurden zwar rasch niedergeschlagen, doch Reibungen innerhalb der Dynastie und die Majestätsprozesse belasteten die politische Atmosphäre Roms. (Seit einer augusteischen *lex Iulia de maiestate* sind Schmähungen und Herabsetzungen des Princeps als Hochverratsverbrechen bestraft worden.)

Während der Prätorianerpräfekt Seian, der seine Gardeverbände in der Hauptstadt konzentriert und damit einen entscheidenden Machtfaktor geschaffen hatte, seit 21 n. Chr. zum starken Mann des Systems aufstieg, zog sich der von den römischen Verhältnissen abgestoßene Tiberius im Jahre 26 n. Chr. nach Capri zurück. Er verstand es dennoch, auch von dort aus über ein Jahrzehnt hindurch alle Probleme der Grenzpolitik zu meistern und eine effiziente und sparsame Administration zu leiten, dies auch nach Seians Sturz (31 n. Chr.).

Dupondius, Messing, Münzstätte Rom, nach 22 n. Chr.
Kopf des Augustus nach links mit Strahlenkrone – Umschrift: DIVUS AUGUSTUS PATER (aus: J. P. C. Kent u. a.: Die römische Münze. München [Hirmer], 1973 [daraus auch alle folgenden Münzbilder], Tafel IV, 157 V.)

Tiberius war der Ansicht, daß seine Leistungen für sich selbst sprächen; er verzichtete auf jede Stilisierung wie auf die kontinuierliche ideologische Beeinflussung aller Schichten der Bevölkerung. Er nahm seine Person völlig zurück, vermied alle populistischen Repräsentationsakte. Die Leitworte, die er auf die Münzen prägen ließ: Frömmigkeit, Milde, Gerechtigkeit, Wohlfahrt und Mäßigung, dokumentieren den traditionellen Grundzug seiner Regierung, das Bild des *Divus Augustus Pater* (vergöttlichter Vater Augustus), die verpflichtende Quelle seiner Autorität. So wenig er selbst in das politische System des augusteischen Principats paßte, so war ihm doch die endgültige Sicherung der Macht des iulisch-claudischen Hauses zu verdanken. Dessen Herrschaft war, nicht zuletzt durch Tiberius, so sehr gefestigt, daß sie zunächst auch durch persönlich ungeeignete Principes nicht erschüttert werden konnte.

## III. Umrisse der Reichsgeschichte – Die Ideologie des Principats

*Caligula* (37–41 n. Chr.), dem letzten männlichen Angehörigen der Familie des Germanicus, der wohl durch seine Servilität überleben konnte, schlugen zunächst geradezu enthusiastische Sympathien entgegen. Doch dessen zunehmend absolutistischer Herrschaftsstil mit seiner Pervertierung hellenistischer Traditionen, der offenen Überhöhung der Dynastie, den überspannten Identifizierungen mit Juppiter und anderen Gottheiten, den Farcen seiner militärischen Aktivitäten stießen mehr und mehr ab. Aufstandsversuche ließen die antisenatorische Politik des Herrschers eskalieren, schließlich wurde Caligula das Opfer einer Verschwörung von Prätorianeroffizieren, über all dem zum Prototyp des „Caesarenwahnsinns" (L. Quidde).

Trotz besten Willens war auch der von den Prätorianern akklamierte und vom Senat hingenommene *Claudius* (41–54 n. Chr.) für seine Position praktisch völlig ungeeignet. Seine fehlende Eignung wurde durch Hinweise auf die Leistungen der Familie (er war ein Sohn des älteren Drusus und der Antonia) sowie durch die effizienten Aktivitäten fähiger Freigelassener und militärischer Befehlshaber verdeckt. Die Okkupation des Südens von Britannien, die zur Einrichtung der Provinz führte (43 n. Chr.), war der spektakulärste Erfolg.

Daneben wurden auch Mauretanien, Lykien, Iudaea und Thrakien in den Provinzialstatus überführt, die zentrale Reichsverwaltung insbesondere im Finanzbereich (*fiscus*) gestärkt. Der in der Rechtsprechung persönlich stark engagierte Princeps war daneben auch für eine rege Bautätigkeit, die Anlage von Kolonien, großzügige Bürgerrechtsverleihungen und die Aufnahme gallischer Adeliger in den Senat verantwortlich. Da er indessen von seinen leitenden Freigelassenen und seinen Frauen völlig abhängig blieb, erreichte die Diskrepanz zwischen der Persönlichkeit eines Herrschers und den Aktivitäten seines Regimes hier einen Höhepunkt.

*Nero* (54–68 n. Chr.) verdankte den Principat seiner herrschsüchtigen Mutter Agrippina, der letzten Frau des Claudius. Der Auftakt seiner faktisch von dem Prätorianerpräfekten Burrus und dem Philosophen Seneca geleiteten Regierung, „Neros erstes Jahrfünft", wurde im Rückblick besonders gerühmt; weithin erwartete man ein „goldenes Zeitalter". Doch seit dem Muttermord (59 n. Chr.) und weiteren Verbrechen kannte der junge Herrscher keine Schranken mehr. Die Wiedereinführung der Majestätsprozesse war ein Indiz für sein brutales Vorgehen gegen jeden Verdacht von Opposition (62 n. Chr.). Ein Großbrand in Rom (64 n. Chr.) führte zur ersten systematischen Christenverfolgung in der Hauptstadt, deren Wiederaufbau großzügig erfolgte.

Vorrang besaß für Nero seine Selbstverwirklichung als Künstler, speziell als Kitharöde (Sänger zum Spiel der Kithara) und Wagenlenker. Die organisierte Zustimmung seiner Claqueure sowie die Resonanz seiner öffentlichen Auftritte (Neapel, 64 n. Chr.; Rom seit 65 n. Chr., Griechenlandtournee 66/67 n. Chr.) waren ihm wichtiger als die Lösung politischer Aufgaben und die Sicherung der Macht. Die „Freiheitserklärung" für die Provinz Achaia und der Plan eines Kanals von Korinth galten als Dank für die Anerkennung der Griechen. In Rom und im Westen des Imperiums wurde indessen die Ablehnung seines korrumpierten Regiments immer stärker, der Princeps zum Staatsfeind erklärt, so daß ihm nur der Freitod blieb.

Doch trotz aller Grausamkeit, Verschwendungssucht und Katastrophen wurde der Muttermörder und hemmungslose Autokrat, der „Brandstifter", maßlose Bauherr (Goldenes Haus) und „Künstler" zu einer jener Gestalten, welche die Phantasie der Zeitgenossen und der Nachwelt in besonderer Weise erregten. In den *Oracula Sibyllina*, einer jüdisch-christlichen Orakelsammlung, wurde eine Rückkehr Neros als Indiz kommender Endzeit verheißen, mehrmals trat ein „falscher Nero" auf, christliche Autoren sahen in ihm den Antichrist. Für die Altgläubigen blieb er in der Spätantike der idealisierte Repräsentant der traditionellen Kultur, vor allem der Welt der Spiele.

Im Chaos des Vierkaiserjahres (68/9 n. Chr.), in dem die Exponenten der Heeresgruppen in West und Ost sowie der Prätorianer (Galba, Otho, Vitellius, Vespasian) um die Macht rangen, behauptete schließlich der „sabinische Parvenü" (R. Syme) *Vespasian* (69–79 n. Chr.) das Feld. Von Anfang an wurde nun die neue Dynastie der Flavier geschlossen herausgestellt; Vespasian erklärte offen, daß ihm entweder seine Söhne (Titus und Domitian) oder überhaupt niemand im Principat nachfolgen würden.

Dem nüchternen, vitalen und volkstümlichen Pragmatiker der Macht gelang die Stabilisierung und Regeneration von Gesellschaft und Staat ebenso wie die Reorganisation des durch den Bürgerkrieg heruntergekommenen und undisziplinierten Heeres, vor allem jedoch die Behebung einer katastrophalen Finanzkrise. Mochten ihn einzelne Senatoren ebenso ablehnen wie Kyniker, Stoiker und die „Straßenphilosophen", der neue Herrscher, der sich als Mann der Vorsehung feiern ließ und sich demonstrativ zum Vorbild des Augustus bekannte, sicherte erfolgreich Frieden und Recht.

Es ist für ihn bezeichnend, daß er sich durch die *lex de imperio Vespasiani* seine Kompetenzen als Princeps in systematischer Form besiegeln ließ. Vespasians älterer Sohn *Titus* warf schließlich auch den jüdischen Aufstand nieder und dokumentierte so die militärische Qualifikation der Flavier.

Schon nach seiner Rückkehr nach Rom (Triumph 71 n. Chr.) galt Titus als Mitregent und designierter Nachfolger seines Vaters, zugleich wirkte er als energischer Prätorianerpräfekt. Obwohl seine eigene kurze Regierungszeit (79–81 n. Chr.) dann durch schwere Katastrophen (79 n. Chr. Vesuvausbruch; 80 n. Chr. Großbrand und Pest in Rom) betroffen wurde, erwarb sich Titus durch großzügige Hilfsaktionen und durch seine sprichwörtliche Milde weithin Sympathien und Zustimmung.

Unter seinem jüngeren Bruder *Domitian* (81–96 n. Chr.) waren die Voraussetzungen der Herrschaft dagegen völlig andere. Während der Abwesenheit von Vespasian und Titus im Osten galt er zwar für kurze Zeit als Repräsentant der Flavier in Rom (Anfang 70 n. Chr.), doch die Macht übte faktisch Vespasians wichtigster Parteigänger Mucianus aus. In den folgenden Jahren erhielt der jüngere Sohn des Princeps dann keine Gelegenheit zu persönlicher Bewährung und militärischer Erfahrung. Seine Unsicherheit zu Regierungsbeginn verdeckte er daher einerseits durch die demonstrative Überhöhung, Konzentration und Stilisierung seiner Macht, andererseits durch starke Aktivitäten im Bereich der Grenzsicherung.

Die Duldung der Anrede *dominus et deus* (Herr und Gott) in seiner nächsten Umgebung und die Forcierung des Kaiserkultes waren für Domitian typisch. Sein autoritärer Herrschaftsstil provozierte bald eine senatorische Opposition, die ihrerseits zur Verfolgung aller Verdächtigen beitrug. Während der Herrscher eine dezidiert restaurative Religionspolitik durchsetzte, führte die Kritik der Philosophen an seinem Principat zu deren Vertreibung in den Jahren 89 und 95 n. Chr.; eine systematische Christenverfolgung ist dagegen nicht zu beweisen.

Insgesamt jedoch führte Domitian eine durchaus effiziente Administration. Von ihr und von seiner erfolgreichen Personalpolitik sollten noch die Nachfolger profitieren. Seine eigentliche Machtbasis aber war das Heer, das er durch Solderhöhungen und Geschenke an sich zu binden wußte.

Diese enge Verbundenheit bildete zugleich die Voraussetzung für die nachhaltigen Einsätze an Rhein und Donau. Ein Sieg über die Chatten führte zur endgültigen Sicherung der rechtsrheinischen Gebiete und zur Konzeption des obergermanisch-rätischen *Limes,* gleichzeitig (vor 90 n. Chr.) zur Einrichtung der nieder- und obergermanischen Provinzen.

Weniger befriedigend entwickelten sich die Kämpfe gegen Daker und Sarmaten an der unteren Donau. Doch nach mehreren Niederlagen brachten die Friedensschlüsse von 89 und 92 n. Chr. wenigstens eine kurzfristige Stabilisierung der Lage. Die realistische Gesamtkonzeption von Domitians Grenzpolitik, zu der auch der Abbruch der weiteren Besetzung Britanniens gehörte, stand freilich im Gegensatz zur emphatischen Feier der Erfolge und trug, wie Tacitus zeigt, nicht wenig zur Diskreditierung des Princeps bei, der schließlich einem Attentat seiner nächsten Umgebung zum Opfer fiel.

So kurz die Regierungszeit des folgenden senatorischen Verlegenheitskandidaten *Nerva* (96–98 n. Chr.) war, der sogleich Schwierigkeiten mit den Domitian immer noch ergebenen Truppen bekam, so markierte sie doch den Übergang zum *Adoptivkaisertum* und damit den Weg zur Konsolidierung des Imperiums. Durch eine ganze Reihe besonnener Reformen und Initiativen ermöglichte Nerva zudem Verbesserungen in den Problembereichen der Administration und leitete zugleich, speziell für Italien, soziale Maßnahmen ein, wie die *alimenta* (Beihilfen für bedürftige Kinder), eine größere Landverteilung, die Regulierung und Verbesserung der Versorgung Roms, Maßnahmen, die zum Teil auch von den späteren Principes fortgesetzt wurden. So positiv all diese Ansätze wirken mußten, der Druck der unzufriedenen Prätorianer ließ nicht nach, so daß Nerva im Herbst 97 n. Chr. gezwungen war, den Befehlshaber des obergermanischen Heeres, M. Ulpius Traianus, zur

Verstärkung seiner bedrohten Position zu adoptieren, gewiß eine seiner sinnvollsten Entscheidungen.

Der aus Italica in Spanien stammende *Traian* (98–117 n. Chr.) war ein Angehöriger der neuen „Elite aus den Kolonien" (R. Syme). Er hatte sich schon unter Domitian als loyaler Kommandeur ausgezeichnet und wurde in der Armee weithin respektiert. Im Ausbau und in der Sicherung der Grenzen wahrte er zunächst Kontinuität. Dann jedoch ging er zu großen Offensiven über, zerschlug das Dakerreich des Decebalus (101/2; 105/6 n. Chr.), errichtete sogleich auch die neue Provinz *Dacia*, integrierte das nabatäische Arabien (106 n. Chr.) und wagte schließlich einen weitflächigen Partherkrieg (114–117 n. Chr.), der ihn zwar an den Persischen Golf führte, dann jedoch infolge eines jüdischen Aufstands im Hinterland und nach starken parthischen Gegenangriffen abgebrochen werden mußte. Es hatte sich gezeigt, daß die Kräfte des Imperiums auf die Dauer eine solche imperialistische Politik nicht mehr erlaubten.

In seiner *Innenpolitik* hatte sich Traian von Anfang an um ein korrektes, entgegenkommendes Verhältnis zum Senat und auch um die materielle Befriedigung der Interessen des römischen Volkes bemüht. Die immense Dakerbeute erlaubte sowohl die Errichtung neuer Großbauten (Forum, Markthallen) als auch den Ausbau der Infrastruktur des Reiches (Häfen, Kanäle, Fernstraßen), die Fortsetzung der Sozialpolitik wie der Kolonisation Nervas. In Nordafrika entstanden damals zum Beispiel die Kolonie Thamugadi und das Legionslager Lambaesis. Nicht zuletzt wurden glänzende Spiele abgehalten.

Gerade angesichts dieser vielfältigen, populären und erfolgreichen Aktivitäten sind die neuen Formen des Adoptiv- bzw. des „humanitären" Kaisertums, eines Kaisertums, das sich programmatisch zu Mäßigung, Milde, Gerechtigkeit und bürgerlichem Stil (*civilitas*) bekannte, überraschend. Doch wie Panegyricus (Lobrede auf Traian) und Briefwechsel des jüngeren Plinius mit Traian dokumentieren, beachtete der Princeps diese Formen auch in der Praxis. Erfolge wie Stil von Traians

Sesterz, Messing, Münzstätte Rom, 121/2 n. Chr.
Drapierte Panzerbüste Hadrians nach rechts mit Lorbeerkranz – Umschrift: IMP(erator) CAESAR TRAIAN(us) H – ADRIANUS AUG(ustus)
(aus: Kent, a. O., Tafel 71, Nr. 282 V.)

Regierung ließen den Herrscher deshalb noch zu Lebzeiten zum Idol, zum *optimus princeps,* werden.

Auch Traians Nachfolger, sein Mündel *Hadrian* (117–138 n. Chr.) stammte aus Spanien und hatte sich zunächst in verschiedenen militärischen Kommandos und in Statthalterschaften zu bewähren. Zuletzt wirkte er in Syrien; ob er tatsächlich von Traian noch in dessen letzten Lebenstagen adoptiert wurde, ist umstritten. Durch ein hohes Geldgeschenk an die Truppen, beflissene Bemühung um die Zustimmung des Senats, die sofortige Einstellung der Expansionspolitik, aber auch durch die Hinrichtung von vier Konsularen und profilierten Befehlshabern Traians, die zur Belastung des neuen Principats werden konnten, wurde die Krise bei Regierungsbeginn überwunden. In der Grenzpolitik ging Hadrian sogleich zu einer prinzipiell defensiven Strategie und zum weiteren Ausbau der Grenzsicherung (Hadrianswall, *Limites*) über.

Es ist für Hadrian charakteristisch, daß er wie kein anderer Princeps vor ihm die Vielgliedrigkeit des Imperiums bejahte und förderte. Seine großen Inspektionsreisen durch die verschiedenen Reichsteile (121–125; 128; 128–130 n. Chr.)

dienten einerseits der Kontrolle der Truppen und der Administration, andererseits der Gewinnung persönlicher Eindrücke von Landschaften, Menschen und Kulturen. Der ruhelose Intellektuelle, der Kunst wie Literatur liebte, versuchte bewußt die endogenen Kräfte des Imperiums zu stärken, insbesondere jene des Hellenentums, für das er sich besonders engagierte (125 n. Chr. Gründung des Panhellenischen Bundes, „Hadriansstadt" in Athen).

Seine Hingabe an die Phänomene, Formen und Werte der griechischen Kultur war tief gegründet; ihr entsprang auch die kultische Verehrung seines geliebten Antínous – so fern ein solches Gefühl und eine solche Konsequenz nüchternem römischen Denken auch sein mochte. Daß gerade dieser, allem Fremden so aufgeschlossene Herrscher in den Jahren 132 bis 135 n. Chr. den Bar-Kochba-Aufstand unterdrücken mußte, zählt zu den eigenartigen Widersprüchen seines Principats.

Auch Hadrians Kritiker, denen die Persönlichkeit dieses Princeps immer fremd blieb und den sie zuletzt haßten, mußten anerkennen, daß er sich konsequent um die Verwaltung und Rechtsprechung bemühte. Auch unter ihm setzte sich der Aufstieg der Ritter fort; die Rechtskodifikation des „*edictum perpetuum*" durch Salvius Iulianus (128 n. Chr.) darf als eine der großen Leistungen der römischen Jurisprudenz gelten. Doch Sympathien konnte Hadrian mit all dem nicht erringen. Seine konsequent ausgelebte, „moderne" Eigenwilligkeit forderte ihren hohen Preis.

Weitaus näher stand den Römern der italische Großgrundbesitzer *Antoninus Pius* (138–161 n. Chr.), den Hadrian zuletzt mit der Auflage adoptiert hatte, seinerseits seine jungen Favoriten Mark Aurel und Lucius Verus zu adoptieren. Damit war die Kontinuität des Principats auf Jahrzehnte hinaus gesichert. Der ausgesprochen großzügige und zugleich persönlich schlichte neue Princeps, der Italien nie verließ, setzte Hadrians Politik in wesentlichen Punkten aus Überzeugung fort. Wie die Anlagen des Antoninus-Walls (Clyde-Firth of Forth) und der äußeren Linie des obergermanischen Limes bezeugen, verfolgte auch er eine strikt defensive Strategie.

Regionale Erhebungen in Nordafrika, Britannien, Dakien, Iudaea und Ägypten konnten rasch niedergeworfen werden. Ein enges Verhältnis zum Senat sicherte das dezidiert humanitäre und konservative Regiment. Es wies lediglich im betonten Archaismus der Religionspolitik und in der ungewöhnlichen Herausstellung von Antoninus Pius' Frau, der 141 n. Chr. verstorbenen älteren Faustina, persönliche Akzente auf. Zu deren Ehren wurden nun auch Alimentarstiftungen für bedürftige Mädchen, die *puellae Faustinianae,* eingerichtet. Die harmonische Stabilitätsphase dieses Regiments ist immer wieder als die große Zeit des Römischen Reiches bewertet worden. Es ist für sie und für Antoninus Pius typisch, daß der korrekte und quietistische Herrscher *aequanimitas* (Gleichmut) als letzte Parole ausgab.

Ein größerer Kontrast als derjenige zwischen der Friedensära des Antoninus Pius und der nicht abreißenden Kette von Kriegen und Katastrophen unter *Mark Aurel* (161–180 n. Chr.) ist kaum denkbar. Dabei hielt sich die Unterstützung, die dieser zunächst von seinem Mitherrscher *Lucius Verus* (161–169 n. Chr.) erhielt, in engen Grenzen.

Ein neuer Partherkrieg (161–166 n. Chr.), durch den die Pest auch in Italien verbreitet wurde, die darauf folgenden Kämpfe an der Donaufront (166–180 n. Chr.), die vor allem durch die Einfälle der Markomannen entfesselt wurden, schließlich die Erhebung des Avidius Cassius (175 n. Chr.) erschöpften die Mittel des Imperiums und verbreiteten weithin Not und Unsicherheit, die sich auch durch den noch so bemühten Einsatz Mark Aurels nicht beheben ließen.

Die Grüblernatur des durch Melancholie und Resignation sowie durch den Mangel an Vitalität und Lebensfreude geprägten Herrschers, dessen unermüdliches Pflichtgefühl trotz all seiner Grenzen imponieren konnte, schlug sich in seinen so offenen *Selbstbetrachtungen* nieder. Dieses klassische und bewegende Dokument einer Selbstanalyse zeigt sein Ringen um ein philosophisches Verständnis von Natur, Zeit und Tod ebenso wie jenes um die eigenen Schwächen. Doch alle diese Vorzüge änderten nichts an den Tatsachen, daß ihm militärische Qualitäten, wie sie die Lage erforderte, fehlten und daß es sich als äußerst verhängnisvoll erweisen sollte, den Sohn Commodus zum Nachfolger zu erheben und damit das Adoptivsystem für lange Zeit aufzugeben.

Die Alleinherrschaft des *Commodus* (180–192 n. Chr.) begann mit Friedensschlüssen an der Donau; Unruhen in Britannien, Gallien und Spanien erzielten keine größere Resonanz. In Rom kam es bald zu einer korrumpierten Günstlingsherrschaft mit neuen Serien von Hinrichtungen, während sich der Princeps selbst in überspannten religiösen Identifikationen und Aktivitäten, als *Invictus Hercules Romanus* wie als Verehrer orientalischer Kulte, als Gladiator wie als Schlächter von Behinderten und Tieren, auslebte. Seine Ermordung (31. 12. 192 n. Chr.) löste bald im ganzen Reich ein Chaos aus.

Auf ein kurzes Zwischenspiel des Stadtpräfekten P. Helvius *Pertinax,* der die Prätorianer zu disziplinieren suchte und im übrigen dem Senat völlig ergeben war, folgten zwischen 193 und 197 n. Chr. blutige Auseinandersetzungen zwischen den verschiedenen Heeresgruppen, in denen sich schließlich der

Aureus, Gold, Münzstätte Rom, 202 n. Chr.
V: Drapierte Panzerbüste des Septimius Severus nach rechts mit Lorbeerkranz – Umschrift: SEVER(us) P(ius) AUG(ustus) P(ontifex) M(aximus) – TR(ibunicia) P(otestate) X COS (= consul) III.
R: Enface-Büste der Iulia Domna. Links: Caracalla, rechts: Geta. FELICITAS SAECULI (aus: Kent, a. O., Tafel 93, Nr. 389.)

Befehlshaber der Donauarmee, *Septimius Severus* (193–211 n. Chr.), gegen seine Rivalen Didius Iulianus, Pescennius Niger und Clodius Albinus durchsetzen konnte.

Der aus Leptis Magna (Nordafrika) stammende, juristisch ausgebildete, willensstarke Mann wählte für die Herrschaft seiner Dynastie, in der auch bedeutende Frauen eine wichtige Rolle spielen sollten, die Prinzipien und Formen einer offenen Militärmonarchie. Seinen Söhnen riet er daher: „Seid einig, bereichert die Soldaten, verachtet alles andere!" (Cassius Dio 76,15)

Severus trat zunächst als Erbe des Pertinax auf, später usurpierte er den Anschluß an die Antonine, um seine Legitimität abzusichern. In seinen umfassenden Verwaltungsreformen stützte auch er sich vor allem auf Ritter, während er seine überlegene Stellung gegenüber dem Senat stets konsequent behauptete, politische Gegner rücksichtslos niederwarf, auch nicht vor Konfiskationen und der Erhöhung der Naturalsteuer (*annona militaris*) zurückschreckte, um die Mittel zur Verbesserung der Existenz seiner Soldaten zu gewinnen. Daß er sich während eines Afrika-Aufenthaltes (203/4 n. Chr.) als großzügiger Förderer seiner Heimat und rühriger Bauherr erwies, war für ihn selbstverständlich. Daneben setzte er eine zielstrebige Expansionspolitik gegen die Parther (197–199 n. Chr.), die zur Besetzung von Mesopotamien und Osrhoene führte, sowie in Britannien (208–211 n. Chr.) fort.

Auch während der Herrschaft von Severus' ältestem Sohn *Caracalla* (211–217 n. Chr.) rissen die Kämpfe an den Grenzen im Norden und Osten nicht ab. Nach der Ermordung seines jüngeren Bruders Geta und der Hinrichtung zahlreicher offener oder vermeintlicher Gegner exponierte sich der bei den Truppen beliebte Princeps in Feldzügen gegen die Alamannen (213 n. Chr.), Karpen (214 n. Chr.) und schließlich gegen die Parther (216/7 n. Chr.). Im Verlauf dieser Auseinandersetzungen wurde er auf Befehl des Prätorianerpräfekten *Macrinus* (217–218 n. Chr.) ermordet, des ersten nichtsenatorischen Herrschers Roms, der sich freilich nicht lange behaupten konnte. Caracallas Name wird dagegen stets mit der *Constitu-*

*tio Antoniniana* (212 n. Chr.) verbunden bleiben, die – bis auf wenige Ausnahmen – allen freien Einwohnern des Imperiums das römische Bürgerrecht verlieh.

Nach dem Zwischenspiel des Macrinus gelang es den syrischen Damen der severischen Dynastie, den Principat noch einmal für junge Angehörige der Familie zurückzugewinnen. Doch halten konnten ihn weder *Elagabal* (218–222 n. Chr.), der fremdartige Priesterkaiser aus Emesa, noch *Severus Alexander* (222–235 n. Chr.), ein pflichtbewußter und gebildeter junger Mann, der sich zwar in Abwehrkämpfen gegen die Sassaniden, die Nachfolger der Parther, und die Alamannen bewährte, doch zusammen mit seiner Mutter erschlagen wurde, als er einen Friedensschluß erkaufen wollte. Die so mühsam bewahrte Einheit des Reiches sollte damit auseinanderbrechen, die folgende Epoche der Soldatenkaiser neue Prioritäten setzen.

Schon für die Führungsschicht der römischen Republik war es durchaus üblich, die öffentliche Meinung durch Hinweise vielfältigster Art auf die Leistungen der Vorfahren und auf eigene Verdienste zu beeinflussen, um die persönliche Stellung in der Gesellschaft zu erhöhen oder zu festigen. Die Ausrufung des Feldherrn zum *Imperator,* die Zuerkennung von Siegerbeinamen (*Scipio Africanus*) und Triumphen schufen die Elemente einer Siegesideologie, die sich bald in architektonischen Denkmälern und speziell in Münzbildern niederschlug.

Im Principat verstärkten sich diese Tendenzen, die Inhalte wurden monopolisiert, die Medien in Bild, Schrift und Wort ausgeweitet. Kaiserstatuen, Triumphbögen, Reliefs, Trophäen, aber auch Werke der Kleinkunst, nicht zuletzt Münzen, Medaillons und Gemmen trugen die idealisierten Bilder der Herrscher wie ihre Parolen bis an die Grenzen des Imperiums. Sie übermittelten die Nachrichten ihrer Siege, ihre religiösen und administrativen Aktivitäten, die Feste des kaiserlichen Hauses wie der Stadt Rom, auch die sozialen Leistungen und die Spiele. Sie garantierten damit die Allgegenwart des Herrschers und die Präsenz der Leitformeln seiner Politik.

Die Principatsideologie wies von Anfang an Konstanten auf, die nahezu jeder Princeps für sich in Anspruch nehmen konnte. Die Feier der *pax Augusta* (Augusteischer Friede) und der Tugenden des augusteischen Ehrenschildes sind Beispiele solcher Art. Doch wichtiger wurden die aktuellen Elemente, wie die Verleihung der Siegerbeinamen *Germanicus* an Domitian, *Germanicus, Dacicus, Parthicus* an Traian, *Armeniacus, Parthicus maximus, Medicus, Germanicus, Sarmaticus* an Mark Aurel. Dabei ist zu berücksichtigen, daß sich diese Ehrungen durch ihre Potenzierung und Massierung schließlich verbrauchten. Die Siegeselemente waren dabei deshalb so wichtig, weil der Princeps nach allgemeiner Auffassung von den Göttern ausgewählt war (*providentia*), die Siege somit in letzter Instanz diesen verdankt wurden und deshalb auch den göttlichen Schutz wie die Autorität des Herrschers garantierten.

Macht und Bedeutung der Principatsideologie zeigten sich, wie schon erwähnt wurde, exemplarisch beim Übergang zum Adoptivkaisertum. Die „Tyrannis" Domitians hatte zuvor das ganze politische System des Principats diskreditiert. Es kam deshalb darauf an, die Distanz zu dessen Geist und Phänomenologie zu betonen und das Gegenbild einer neuen Form idealisierter Herrschaft durchzusetzen. Die Adoption, die in Rom, wie sich bei Caesar und Augustus erwiesen hatte, durchaus üblich war, wurde zur „Adoption des Besten" umstilisiert. Damit schien die Herrschaft ungeeigneter Personen ausgeschlossen.

Wie die Zeugnisse der Literatur des Westens wie des Ostens belegen, wurden die Leistungen des „humanitären" Kaisertums zugleich nicht mehr nur auf Rom, Italien und das Imperium, sondern auf die Oikoumene (die zivilisierte Welt) und die gesamte Menschheit bezogen. Es konnte damit an alte griechische Herrscherideale und Heraklesvorstellungen anknüpfen und so während des 2. Jahrhunderts n. Chr. schließlich auch die Vorbehalte philosophischer Strömungen überwinden.

Die Integrationsfunktion dieser vielgestaltigen Ideologie ist unverkennbar. Sie war gerade deshalb so erfolgreich, weil sie sich in den verschiedensten Medien zugleich niederschlug und nicht nur die Reichsangehörigen insgesamt, sondern immer wieder auch die einzelnen gesellschaftlichen und politischen Gruppen sowie die militärischen Verbände speziell ansprach. Während die Worte der Panegyriker, der „Königsreden" und der Hofdichtungen häufig rasch verhallten und nur zum kleinen Teil auch in schriftlicher Form zirkulierten, während die Wertungen der Literatur lediglich die Kreise der Gebildeten erreichten, erlangte die „Macht der Bilder" (P. Zanker) stärkere und langandauernde Wirkung.

In sinnfälligen Darstellungen konnten sie die schützenden Gottheiten des jeweiligen Principats, zum Beispiel Minerva für Domitian, ebenso vor Augen führen wie Glanz und Glück der Dynastie, die Bewährung der Heere, die Treue der Prätorianer, die Unterstützung des Senats, aber auch die Eigenart und das Schicksal der besiegten Gegner. Die gesamte Mentalität der Bevölkerung des Imperiums wurde so durch die Ideologie des Principats mitgeformt.


## IV. Machtmittel, Administration und Rechtsprechung des Principats


Die wichtigsten Aufgaben der römischen Principes lagen in der Gewährleistung der äußeren und inneren Sicherheit des Imperiums, im Aufbau und Ausbau einer effizienten Reichsverwaltung sowie in der Organisation und Garantie einer korrekten Rechtsprechung. In allen drei Sektoren bestand zunächst kein kaiserliches Machtmonopol; die Herrscher waren vielfach darauf angewiesen, die traditionellen republikanischen Einfluß- und Verantwortungsbereiche des römischen Senats schon zu ihrer eigenen Entlastung ebenso anzuerkennen wie hergebrachte Rechte und Privilegien von Provinzen, Städten und Stämmen. Vor allem waren sie von der aktiven Kooperation der alten, erfahrenen wie der neuen, dynamischen Eliten des Imperiums abhängig. Personen wie Instrumente zur Bewältigung dieser Verpflichtungen wurden indessen zugleich die wichtigsten Machtmittel des Principats.

Der Gesamtprozeß von Imperium und Macht, der hier nicht in seinen einzelnen Etappen, sondern lediglich in seinen Grundstrukturen skizziert werden kann, war durch das Anwachsen der direkten Kompetenzen und Einflußmöglichkeiten der Principes und durch den analogen Rückgang senatorischer Befugnisse gekennzeichnet. Voraussetzung dafür blieb die effiziente Koordination lokaler, regionaler/provinzialer und imperialer Ebenen und Strukturen, wobei die direkte Entscheidungsmöglichkeit des Herrschers bis in die Kreise der einzelnen Städte, ja der einzelnen Individuen stets gesichert war. Dies zog freilich für jene Principes, die sich persönlich ihren Pflichten stellten, eine kaum vorstellbare Arbeitsbelastung nach sich.

## Die Streitkräfte des Imperiums

Da das Heer, die Sonder- und Auxiliar(Hilfs-)formationen sowie die Flotten die wichtigsten Machtinstrumente des römischen Principats bildeten, war eine möglichst enge und beständige Verbindung zwischen Princeps und Dynastie einerseits, den verschiedenen Kategorien der Streitkräfte andererseits für die Stabilität des Systems von grundlegender Bedeutung. In der alljährlichen Erneuerung des Fahneneides, in der ständigen Präsenz von Herrscherbildern in allen Lagern und Einheiten, in der demonstrativen Darstellung der Verbundenheit des Princeps mit seinen Truppen in Münzbildern und Kunstwerken kam sie ebenso zum Ausdruck wie in den vielfältigen Zeugnissen der Loyalität, den Altären, Ehreninschriften und Denkmälern. Nicht zuletzt durch die Erwartung zusätzlicher materieller Leistungen, vor allem der Geldspenden (Donative), erlosch das Bewußtsein gegenseitiger Abhängigkeit nicht.

Den Kern des Heeres bildeten in der Kaiserzeit nach wie vor die römischen *Legionen*. Diese Großverbände schwerbewaffneter und hervorragend ausgebildeter Infanterie von jeweils etwa 6000 Mann Sollstärke erschienen als Garanten römischer Macht. Die nach der Varusschlacht 25, in den starken Anspannungen des 2. Jahrhunderts n. Chr. 30 Einheiten dieser Kategorie waren stets in großen Lagern nahe den Brennpunkten

Sesterz, Messing, Münzstätte Rom, 40/41 n. Chr.
Rs.: Caligula auf Podium im Adlokutionsgestus. Vor ihm 5 Legionäre,
einer mit Schild, vier mit Legionsadlern. ADLOCUT(io) COH(ortium)
(aus: Kent, a. O., Tafel 46, Nr. 172.)

militärischer Aktivität zusammengefaßt. Während die eigentliche Grenzüberwachung in der Regel durch von Hilfstruppen
besetzte Kastelle und Posten erfolgte, fungierten die Legionslager primär als Basen der größeren Einsätze in ihrem Opera-
tionsgebiet.

Die Legionen wurden zunächst nur aus freien römischen Bürgern, Angehörigen des italischen Bauerntums vor allem, später
auch aus Angehörigen der älteren römischen Provinzen re-
krutiert. Die Dienstzeit belief sich auf 20–25 Jahre, der Sold betrug unter Domitian jährlich 300 Denare. (Zum kaiserzeitlichen
Geldsystem siehe unten S. 79 ff.) Auch auf Grund der zusätzli-
chen Geldgeschenke sowie zahlreicher Aufstiegsmöglichkeiten
und eines hohen Entlassungsgeldes bot der Dienst als Legionär
eine durchaus attraktive Existenz. Das Offizierskorps der Legionen setzte sich nicht nur aus einigen Angehörigen des Sena-
toren- und Ritterstandes zusammen, sondern in der wichtigsten
Gruppe des Verbandes, den *Centurionen,* die heutigen Kom-
paniechefs entsprechen, aus Unteroffizieren, die nach langjäh-
riger Dienstzeit in diesen Rang befördert worden waren.

Aus dem Unteroffizierskorps waren auch die *Benefiziarier*
hervorgegangen, die durch ein spezielles Dienstabzeichen, die

Benefiziarierlanze, ausgewiesen wurden. Als Straßenpolizei und Feldgendarmerie fanden sie vielseitige Verwendung sowohl im Meldedienst als auch im Verwaltungsbereich. Zumeist in kleineren Posten konzentriert, waren sie dem jeweiligen Statthalter unterstellt.

Während die Legionen in den Grenzzonen disloziert waren, blieben Italien und Rom zunächst ein weithin entmilitarisierter Kernbereich des Imperiums, allerdings mit wichtigen Sonderregelungen für die Hauptstadt. Dort bildeten die zunächst 9, später 12 Kohorten zu je 500 bis 1000 Mann der *Prätorianer,* die seit Seian an der Porta Viminalis konzentriert waren, den schlagkräftigsten Gardeverband des Princeps, einen Verband, welcher der gesamten Dynastie treu ergeben war. Dies geht eindeutig daraus hervor, daß sich der Prätorianerpräfekt Burrus weigerte, Gardesoldaten zur Ermordung von Neros Mutter Agrippina zur Verfügung zu stellen.

Die Dienstzeit belief sich in dieser Truppe auf 16 Jahre, der alljährliche Sold lag seit Domitian bei 1000 Denaren, zuzüglich besonders hoher und häufiger Donative. Die so ungewöhnlich privilegierten Prätorianer waren sowohl angesehen als auch gefürchtet und verhaßt. – In ihren Funktionen und in ihrer Stellung ähnlich herausgehoben, dienten die meist aus Germanien und Pannonien stammenden *equites singulares* (Leibwache), die in der engsten Umgebung des Princeps Wach-, Kurier- und andere Vertrauensdienste versahen.

Weitere Sondereinheiten bildeten daneben die dem römischen Stadtpräfekten unterstellten *cohortes urbanae,* die städtische Polizei mit seit Vespasian 4 Verbänden zu je 1000 Mann, sowie die 7 *cohortes vigilum,* die Feuerschutzpolizei und Feuerwehr der Hauptstadt. Sie bestanden aus Freigelassenen, die nach einer Dienstzeit von 6 Jahren das römische Bürgerrecht erlangten.

Es entsprach alter republikanischer Tradition, Verbände der römischen Bundesgenossen, anfangs noch unter deren eigenem Kommando, für die römische Sache zu mobilisieren. In nicht wenigen großen Feldzügen bildeten solche Verbände etwa die Hälfte der Gesamtstärke des Heeres. Seit Augustus wurde dann eine langfristige und permanente Organisation der *Auxi-*

*liarformationen* nach römischem Modell und unter römischen Kommandeuren üblich, das heißt die Bildung von Kohorten und Alen. Die Infanterieverbände der Kohorten wie die angeseheneren Kavallerieverbände, die Alen, umfaßten dabei jeweils 500, gelegentlich auch 1000 Mann. Die Formationen wurden von einem römischen Ritter befehligt.

Die entscheidenden militärischen Kriterien, die zur Aufstellung dieser Verbände geführt hatten, lagen einmal in dem Ziel, die stets unzulänglichen römischen Kavallerieverbände zu vergrößern, zum anderen in dem Bestreben, für bestimmte Kriegsschauplätze und spezielle landschaftliche Erfordernisse, so für Kämpfe in Wäldern, Gebirgen und Wüsten, besonders erfahrene Truppen einzusetzen. Dies zeigte sich nicht zuletzt im Ostteil des Imperiums, wo Formationen von Bogenschützen aus Syrien und Palmyra, Panzerreitern und Kamelreitern anzutreffen waren.

Dominierte zunächst, vor allem bei der leichten Infanterie, die alte, einheimische Bewaffnung dieser Verbände, so wurde schon früh zu einer immer engeren Anpassung an die römische Ausrüstung übergegangen. War zunächst eine geschlossene ethnische Rekrutierung üblich, so ergänzten sich die Formationen später aus dem weiteren Umfeld ihrer Einsatzregionen. In jedem Falle handelte es sich bei den Rekruten um freie Provinzialen. Bei ehrenvoller Entlassung nach 25 Dienstjahren erhielten diese jedoch das volle römische Bürgerrecht, dies auch für ihre Kinder und deren Nachkommen sowie für jeweils nur eine Ehefrau. Auf den sogenannten Militärdiplomen wurden diese Privilegien dokumentiert.

Von diesen Normen unterscheiden sich während des 2. Jahrhunderts n. Chr. aufgestellte Verbände grundlegend. Für Einheiten wie die *numeri Brittonum* (militärische Einheit), für die einheimische Bewaffnung und Kommandosprache kennzeichnend waren (sie wurden zum Beispiel am obergermanischen Limes eingesetzt), oder die ähnlich zu qualifizierenden *cunei* (Keile – Formationen) galten die bürgerrechtlichen Privilegien nicht.

Die Bedeutung der römischen *Flotte* wird nicht immer angemessen berücksichtigt. Sie ist indessen offensichtlich, wenn die bis in die Zeit Caesars und Pompeius' akute Seeräuberfrage, Oktavians verlustreiche Kämpfe gegen Sextus Pompeius, nicht zuletzt die Tatsache in Erinnerung gerufen werden, daß die Entscheidungsschlacht im Bürgerkrieg gegen Antonius, die Schlacht bei Actium (31 v. Chr.), eine Seeschlacht war, in der Oktavians Freund, der große Admiral Marcus Agrippa, die Flotten der Kleopatra und des Antonius vernichtend schlug. Danach war die Sicherung eines ungefährdeten Seeverkehrs im gesamten Mittelmeer wie im Schwarzen Meer von elementarer Bedeutung. Dazu kamen noch komplexe Transportaufgaben, nicht zuletzt auf Rhein und Donau.

Diese Sicherungsaufgaben großen Stils wurden von zwei starken *Reichsflotten* mit Haupthäfen in Misenum und Ravenna sowie von einer ganzen Reihe kleinerer Provinzialflotten bewältigt. Die Gesamtzahlen der dabei eingesetzten Einheiten und deren Besatzungsstärken lassen sich nur schätzen. So soll die Flotte von Misenum unter Nero über rund 50 Trieren (Schiffe mit drei Ruderreihen) und rund 10 000 Matrosen verfügt haben. Die beiden Reichsflotten konnten sich bei ihren zum Teil sehr weiträumigen Einsätzen auf ein ganzes Netz ausgebauter Häfen stützen, so zum Beispiel in Forum Iulii, Centumcellae, Karthago, Piräus, Ephesus und Seleukia.

Die Aufgabenbereiche der *Provinzialflotten* umspannten dagegen einen weit engeren Radius. Sie sind für Alexandria, Germanien, Britannien, Pannonien und Moesien, Thrakien, Pontus, Syrien, Mauretanien und Afrika bezeugt. Die wechselnde Stärke richtete sich dabei nach der jeweiligen Lage und den zu erfüllenden Aufgaben. So sollen die Donauflotten zur Zeit von Traians Offensiven immerhin über rund 200 größere und kleinere Fahrzeuge verfügt haben.

Für all diese Flotten wurden unter dem Principat insbesondere das nautische Personal und die Erfahrungen der Küstenbewohner, nicht zuletzt jener der östlichen Provinzen des Imperiums, ausgeschöpft. In der Regel handelte es sich bei den Matrosen um freie Provinzialen, doch wurden zeitweilig auch Freigelassene aus dem griechischen Osten selbst in der

Führung von Schiffen oder gar Flotillen eingesetzt. Im allgemeinen war das Ansehen der Seeleute sehr gering.

Der Überblick über die römischen Streitkräfte, die insgesamt auf etwa 400000 Mann geschätzt werden, zeigt, daß Militärpolitik und Grundkonzeption des Heerwesens wie der Seemacht des Imperiums in der Kaiserzeit den Grundzügen der imperialen Politik entsprachen. Der Bereich wurde nicht einfach „römisch" nivelliert, vielmehr wurden Potential wie besondere Qualifikationen der verschiedenen Elemente der gemeinsamen Sache dienstbar gemacht. Streng eingegliedert und kontrolliert, bildeten diese Verbände nicht nur unverzichtbare Ergänzungen der Legionen, sondern darüber hinaus auch aktive Zellen der Romanisierung wie der Übernahme und Verbreitung römischer Zivilisation und Werte.

## Die Administration

Im Unterschied zu den hellenistischen Monarchien verfügte die römische Republik über keine umfassende Bürokratie. Von einem auf Dauer angelegten, imperialen Verwaltungsapparat konnte schon deshalb nicht die Rede sein, weil die Magistrate, Amtsträger und Prokonsuln ihre Aufgaben gemäß den Prinzipien der Annuität und der Kollegialität jeweils nur kurzfristig versahen. Sie stützten sich dabei einerseits auf ein Gefolge von Freunden, Experten und Helfern, andererseits auf die Angehörigen ihres aristokratischen Großhaushaltes mit seinen Freigelassenen und Sklaven. Das System der Klientelen, der wechselseitigen Bindungen zwischen Patron und abhängigem Klient, weitete sich daneben vom italischen auf den gesamtmediterranen Raum aus.

Auch der Principat brachte hier zunächst keine abrupte Zäsur und auch keine einheitlich strukturierte Reichsverwaltung. In den senatorischen Provinzen blieb es zunächst ohnehin bei den um die Prokonsuln und Quästoren gruppierten, herkömmlichen Regelungen; selbst die Steuerpachtgesellschaften der *publicani* setzten ihre Tätigkeiten fort. Erst in einem längeren Prozeß wurde das besonders von Claudius praktizierte Modell eines durch Freigelassene geleiteten Reichshaushaltes in eine systematisch spezialisierte und hierarchisierte Reichsadministration umgewandelt, in der nun vor allem Angehörige des Ritterstandes ein weites Betätigungsfeld fanden.

Es hat kaum je eine Weltmacht gegeben, die sich zu ihrem Beginn auf einen so bescheidenen bürokratischen Apparat stützen konnte wie das Imperium der Kaiserzeit. Einer der besten Kenner der Materie stellte dazu fest: „Die Zahl der in der staatlichen Verwaltung beschäftigten Personen betrug während der ersten drei Jahrhunderte der Kaiserzeit mit den höheren ,Beamten' und dem subalternen Personal, man möchte es kaum glauben, nicht mehr als etwa 10 000 Mann. Heute sind allein in Brüssel in der Verwaltung der Europäischen Union ungefähr 15000 Personen tätig." (G. Alföldy, Das Imperium Romanum – ein Vorbild für das vereinte Europa? 1999, 27f.)

Eine weitere Eigenart der kaiserzeitlichen Administration lag darin, daß zu ihren Grundzügen ein Höchstmaß von Delegation sowie die effiziente Koordination von drei verschiedenen Verwaltungsebenen zählten. Das Imperium kannte weder Mammutministerien noch die verselbständigten Spezialbürokratien mit ihren Ressortstreitigkeiten. Der weitaus größte Teil konkreter staatlicher Verwaltungsarbeit des Alltags wurde bereits auf der Ebene der rund 2000 Stadt- und Stammesgemeinden, den eigentlichen Grundzellen der imperialen Administration, abgewickelt. Die Verantwortung für deren Effizienz lag dabei in den Selbstverwaltungsgremien der Stadträte; die Loyalität der Dekurionen garantierte die volle Berücksichtigung der Reichsinteressen.

Über diesem relativ engmaschigem Netz lag das weitmaschigere der Provinzialverwaltung, die mit den großen Kompetenzen der Statthalter und der Verwaltungsleiter (Quästoren, Prokuratoren) eine wirkungsvolle Kontrolle auf mittlerer Ebene gewährleistete. Diese wiederum war den wenigen Ressorts der zentralen Reichsverwaltung und damit letzten Endes dem Princeps selbst unterstellt, der sich zur praktischen Bewältigung der administrativen Aufgaben – neben dem Senat – sowohl seiner Berater (des *consilium principis*) als auch der Chefs der großen Ressorts bedienen konnte.

Die faktische Umsetzung der Direktiven der Principes wie die Vorbereitung der Entscheidungen der an sie herangetragenen Sachverhalte und Einzelfälle erfolgte somit in den von Spezialisten geleiteten Zentralressorts. Eine Schlüsselstellung nahm dabei der *ab epistulis* ein, der für den gesamten dienstlichen Schriftverkehr des Princeps verantwortliche Amtsleiter, der zugleich auch an allen Personalentscheidungen beteiligt war. Die Belastung dieses Behördenchefs wurde so groß, daß die Position im 2. Jahrhundert n. Chr. in einen *ab epistulis Latinis* und einen *ab epistulis Graecis* aufgegliedert wurde. Der *a libellis* war für den juristischen Bereich zuständig. Durch seine Hände gingen alle juristischen Akten über Vorgänge, die der Princeps als höchste juristische Instanz zu entscheiden hatte. Für die Rechtsprechung am Hofe selbst trug der *a cognitionibus* die Verantwortung.

Während der Behördenchef *a memoria* seit Hadrian für die Abwicklung des laufenden, alltäglichen Dienstbetriebes zu sorgen hatte, oblag es dem *a studiis,* die wissenschaftlichen Grundlagen und die erforderlichen Sachinformationen für sämtliche Aktivitäten des Princeps bereitzustellen, dem *a commentariis*, speziell Archiv und Urkundenwesen zu leiten.

Besonders differenziert waren die zentralen Ressorts im Finanzwesen und in der Vermögensverwaltung des Herrschers. Seit Claudius wurde der *fiscus Caesaris* unter der Leitung des *a rationibus* als zentrales Finanzressort organisiert, eine Staatskasse, in welche die Steuern der Provinzen, die indirekten Steuern und die Erträge der Domänen flossen. Von ihr ist das *patrimonium Caesaris* zu unterscheiden, das unter der Leitung eines *procurator patrimonii* stand, jene Zentralkasse, in welche die Einkünfte aus dem Privatvermögen des Princeps gelangten, auch diejenigen der Provinz Ägypten.

Die Trennung dieser beiden Bereiche wurde jedoch immer schwieriger. Das kaiserliche Privatvermögen wuchs so sehr an, daß unter Septimius Severus die von einem *procurator rationis privatae* geleitete Kasse des eigentlichen kaiserlichen Vermögens im engsten Sinne, die *res privata,* ausgeschieden wurde, nicht zuletzt auch deshalb, um bei erfolgreichen Usurpationen wenigstens das Hausvermögen der Dynastie zu retten.

## Der Staatshaushalt des Imperiums

Wie in jedem Großreich, so gibt auch im römischen die Struktur des Staatshaushaltes einen besonders klaren Einblick in Wesen, Verfassung und Prioritäten der historischen Formation. Von fundamentaler Bedeutung für die Verhältnisse der Kaiserzeit ist dabei die Tatsache, daß weder auf der Einnahmen- noch auf der Ausgabenseite ein rigider Schematismus herrschte. Gerade für die *Einnahmenseite* ist charakteristisch, daß das sehr differenzierte Steuersystem im allgemeinen von dem bürgerrechtlichen Status der Reichsbewohner ausging.

So wurden die freien römischen Bürger bei den direkten Steuern einmal durch die fünfprozentige Erbschaftssteuer belastet, die zu besonders vielen Streitigkeiten führte, zum anderen durch die wiederum fünfprozentige Freilassungssteuer, die jedoch von den Sklavenbesitzern sehr häufig auf die Begünstigten abgewälzt wurde. Von der Grund- und Kopfsteuer (*tributum soli, tributum capitis*), die die freien Provinzialen zu entrichten hatten, waren die freien römischen Bürger dagegen nicht betroffen, wohl aber von der einprozentigen Verkaufs- und der vierprozentigen Sklavenverkaufssteuer.

Zu diesen Belastungen kamen weitere durch Binnenzölle und Zölle an der Reichsgrenze, Markt- und Hafengebühren hinzu, doch zur Einnahmenseite des Staatshaushaltes müssen daneben auch noch die Einkünfte aus der Nutzung des Staatseigentums, zum Beispiel der Bergwerke und des Salzmonopols, aber auch aus Strafgeldern, Vermögenskonfiskationen Verurteilter, Erbschaften sowie weitere Posten hinzugezählt werden.

Eine Sonderstellung nahmen für Bürger wie Provinzialen die großen Geldgeschenke und Ehrengaben ein, die *collationes,* von denen das Kranzgold (*aurum coronarium*) am meisten

Aufsehen erregte. Zu Festen und Feiern der Principes wie ihrer Familienangehörigen wurden solche Gaben üblich. So sind zum Beispiel beim britannischen Triumph des Claudius im Jahre 44 n. Chr. zwei Goldkränze im Gewicht von sieben- und achttausend römischen Pfund (327 g) mitgeschleppt worden, die von den westlichen Provinzen gestiftet worden waren. Auch hier gab es freilich keine einheitliche Norm: Während eine ganze Reihe der Principes solche Spenden zumindest von römischen Bürgern ablehnte, blieb dieses Genos von Sonderabgaben dennoch generell bestehen.

Angesichts dieser Sachlage ist jede Schätzung (mehr ist ohnehin nicht möglich) der jährlichen Gesamteinnahmen des römischen Staates in der Kaiserzeit äußerst problematisch. Die sehr nüchterne und kritische von Heinrich Chantraine darf wenigstens ein hohes Maß von Plausibilität für sich beanspruchen; sie wird daher hier zugrundegelegt. Danach beliefen sich die jährlichen Gesamteinnahmen des Imperiums im 1. Jahrhundert n. Chr. auf ungefähr 750 Millionen Sesterzen, diejenigen der lokalen Selbstverwaltungen werden von ihm gleichzeitig auf insgesamt jeweils 50 Millionen Sesterzen veranschlagt.

Da Vespasians Reform eine Erhöhung der Gesamteinnahmen von etwa 25 % erbrachte, soll die Summe bis zum Ende des 2. Jahrhunderts n. Chr. auf etwa 1000 Millionen Sesterzen angestiegen sein, doch wie alle runden Zahlen, so kann auch diese lediglich als Anhaltswert dienen. Zudem ist auch noch die sinkende Bonität der Währung in dieser Epoche zu berücksichtigen. Ob die durchschnittliche Steuerquote daher insgesamt, wie vermutet wird, zwischen 10 und 14 % lag, bleibt unsicher.

Ähnliches gilt auch für die *Ausgabenseite*. Die Besoldung der Streitkräfte sowie die übrigen Ausgaben in diesem Sektor, ein Posten, der keinerlei Einsparungen erlaubte, beliefen sich auf jährlich 600 Millionen Sesterzen; dazu kamen noch von Fall zu Fall Donative (Geldgeschenke) in wechselnder Höhe. Daß Oktavian 29 v. Chr. 120 Millionen Sesterzen auswarf, Mark Aurel und Lucius Verus im Jahre 161 n. Chr. angeblich

1100 Millionen, sind atypische Extremfälle. Testamentarische Legate an Armee und Volk gaben lediglich Augustus und Tiberius, beide Male in der Höhe von 50 Millionen Sesterzen.

Eine immer größere Bedeutung erlangten während des Principats die materiellen Aufwendungen als Instrument der Grenz- und Außenpolitik. Hatten die Feldzüge der römischen Republik, die Einnahme Ägyptens durch Oktavian und noch die Dakerkriege Traians riesige Beutemengen für die siegreichen Feldherrn wie für den römischen Staat insgesamt erbracht, so setzte demgegenüber seit Domitian eine zentrifugale Strömung ein. Nicht wenige Principes versuchten nun die Lage im Vorfeld des Imperiums durch Subsidien an Nachbarstämme und -könige, auch durch Korruptionsgelder, schließlich durch Soldzahlungen und Tributleistungen zu stabilisieren, den Frieden gleichsam zu erkaufen. Die Höhe dieser Leistungen insgesamt steht nicht fest, fest steht nur, daß sie laufend zunahmen.

Auch die Ausgaben für die römischen Bürger im weitesten Sinne waren unumgänglich. Für die Getreideversorgung der rund 200 000 Empfangsberechtigten mußten jährlich etwa 50 Millionen Sesterzen zur Verfügung gestellt werden, mindestens 10 Millionen für die Durchführung der Spiele. Die Ausgaben der Geldspenden an römische Bürger (*Congiarien, liberalitates*) beliefen sich unter Augustus auf insgesamt 385 Millionen Sesterzen, unter Domitian auf 180, unter Mark Aurel auf 680 Millionen. Nicht einmal abzuschätzen sind daneben die äußerst variablen jährlichen Kosten für die repräsentativen staatlichen Großbauten.

Die notwendigen jährlichen Ausgaben für die Finanzierung von Administration und Hof in der Höhe von 50 bis 70 Millionen Sesterzen hielten sich wohl in vertretbaren Grenzen. Da Sozialleistungen, abgesehen von den schon erwähnten Positionen, in der Regel auf städtischer Ebene erfolgten, stellten die Alimentarstiftungen mit einem Gesamtaufwand von 400 Millionen Sesterzen oder die Kosten für Nervas Landbeschaffung in Höhe von 60 Millionen Sesterzen Ausnahmefälle dar. Zum Teil beträchtliche Leistungen erbrachten die Principes jedoch in den nicht wenigen Katastrophenfällen, bei Großbränden, Erdbeben, Überschwemmungen und Vulkanausbrüchen, dies nicht nur in Rom und Italien. Angesichts dieser komplexen Belastungen dürfte es verständlich sein, daß nur selten Reserven gebildet werden konnten und noch seltener (unter Hadrian und Mark Aurel) ein populistischer Erlaß von Staatsschulden zu wagen war.

Der römische Staatshaushalt wird in den ersten drei Jahrhunderten der Kaiserzeit somit nicht durch die Kontinuität einer einheitlichen und verbindlichen Finanzplanung bestimmt, sondern sowohl durch extreme Verhaltensweisen einzelner Principes als auch durch innere und äußere Abhängigkeiten und Faktoren. Aufs Ganze gesehen bildeten dabei Konsolidierungsmaßnahmen, wie jene unter Tiberius, Vespasian und Antoninus Pius, die Ausnahmen; die Währung selbst blieb nur scheinbar stabil.

## Rechtsprechung

Noch im frühen römischen Principat war der staatliche Einfluß auf die Rechtsprechung verhältnismäßig gering. Sowohl bei Prozessen zwischen römischen Bürgern als auch bei solchen zwischen Bürgern und Fremden (Peregrinen) entschied der zuständige Prätor nicht selbst. Er schuf lediglich den juristischen Rahmen des Verfahrens und überwachte dessen korrekten Verlauf. Seine Aufgabe war es insbesondere, den konkreten Tatbestand oder Schadensfall zu fixieren und in diesem Zusammenhang spezielle, fallbezogene (kasuistische) Rechtsformeln zu setzen, die dann auch für vergleichbare Fälle bindend waren („Formularverfahren").

Schon dabei zeigen sich zwei Besonderheiten der römischen Justiz: Sie beruhte in der Kaiserzeit zunächst nicht auf großen Systematisierungen, wie sie für die Spätantike typisch sind, sondern auf praxisverhafteten Ansammlungen von Fallentscheidungen, deren Normen verbindlich wurden, die jedoch im Laufe der Entwicklung auch ergänzt und verändert worden sind. Bestimmend wurde so die Dialektik zwischen Reichstradition und der Berücksichtigung neuer Realitäten. Der von den jeweiligen Prätoren akzentuierte Prozeß wurde erst durch das von Publius Salvius Iulianus formulierte *edictum perpetuum* unter Hadrian zu einem Abschluß gebracht.

Für modernes Empfinden noch gravierender ist die Tatsache, daß von Rechtsgleichheit nur in bedingtem Umfang gesprochen werden kann. Strafen waren auch in dieser Epoche je nach der gesellschaftlichen Stellung des Angeklagten differenziert. Der Gegensatz zwischen der Behandlung der Mitglieder der Führungsschichten, der *honestiores,* und der übrigen Bewohner, der *humiliores,* vertiefte sich eher.

Die Durchführung des vom Prätor eingeleiteten Verfahrens lag im privatrechtlichen wie im strafrechtlichen Sektor in den Händen eines privaten, vom Prätor bestimmten Richters. Auch bei den für die verschiedenen Verbrechenskategorien (Hochverrat, Mord, Wahlbestechung, Testaments- und Münzfälschungen, Gewaltverbrechen, Ehebruch u.a.) zuständigen Gerichtshöfen (*quaestiones*) Roms entschied der Prätor nicht selbst, sondern eine Geschworenenbank. Deren Mitgliederzahl schwankte je nach der Bedeutung der Materie; sie konnte bis zu 75 Geschworene umfassen, die durch das Los aus eigenen Listen konstituiert worden waren. Verfahren dieser Art waren offensichtlich sehr zeitaufwendig; angesichts der wachsenden Zahl von Prozessen mußten sie deshalb auch das traditionelle spätrepublikanische System ad absurdum führen.

An ihre Stelle trat während des Principats in immer weiterem Umfang ein außerordentliches, das heißt nicht an die alten Normen gebundenes Untersuchungsverfahren, die *cognitio extra ordinem.* In ihm überwog nicht mehr die private, sondern die staatliche Entscheidung. In dem einsträngigen Ablauf wurde sie von dem Gerichtsvorsitzenden oder von dem von ihm eingesetzten Richter gefällt, der somit zugleich als Gerichtsherr fungierte und bei der Strafbemessung über größeren Spielraum verfügte.

Der Funktion des Prätors entsprach in den Provinzen für alle Prozesse zwischen Römern sowie zwischen Römern und Peregrinen diejenige der Statthalter oder der zusätzlich wirkenden *legati iuridici*. In das herkömmliche Rechtswesen der einheimischen Bevölkerung wurde dagegen im allgemeinen nur dann eingegriffen, wenn es sich um politische Prozesse handelte oder wenn die unmittelbaren Interessen Roms berührt waren. Dasselbe galt bei Verfahren zwischen Angehörigen verschiedener einheimischer Siedlungen und Stämme. Obwohl sich die Statthalter mit der Alltagsgerichtsbarkeit nicht belasten konnten und wollten, blieben sie doch für ihren Bereich jeweils die wichtigste Instanz der Rechtsprechung mit faktisch sehr großen Kompetenzen.

Die Vielzahl der anhängenden Verfahren erforderte auch für Rom und Italien eine Neuordnung der Organisation der Rechtsprechung und zugleich im Zuge des Delegationsprinzips den Einsatz weiterer Beauftragter des Princeps. Für die Stadt Rom und deren Umkreis von hundert Meilen unterstand die Gerichtsbarkeit künftig dem Stadtpräfekten (*praefectus urbi*), einem vom Princeps ernannten Konsular (ehemaliger Konsul). Für das übrige Italien war der Prätorianerpräfekt zuständig, bis Hadrian vier Konsulare mit der Rechtsprechung beauftragte und danach Mark Aurel vier Gerichtssprengel, jeweils unter der Leitung eines *iuridicus* prätorischen Ranges, konstituierte.

Scheinbar nahm auch die Bedeutung des von Tacitus so lebendig geschilderten Senatsgerichtes zu, vor dem nun die Fälle von Hochverrat, Majestätsprozesse, Repetundenanklagen (Erpressung in den Provinzen) verhandelt wurden. Doch eine echte Unabhängigkeit konnte dieser Gerichtshof nie erlangen; auch er stand unter dem direkten oder indirekten Einfluß des Princeps.

Das wichtigste Element der kaiserzeitlichen Entwicklung war indessen zweifellos die wachsende Bedeutung des sogenannten Kaisergerichts. Die juristischen Kompetenzen des Princeps leiteten sich dabei nicht aus einer komplexen und in sich geschlossenen Gesamtübertragung ab, sondern aus der Bündelung der den verschiedenen Amtsvollmachten inhärenten Rechte. Dabei formierte sich die umfassende Gerichtskompetenz des Herrschers nicht nur dadurch, daß dieser sämtliche Verfahren an sich ziehen konnte, sondern ebenso dadurch, daß einerseits Magistrate, Legaten und Privatpersonen von sich aus komplizierte juristische Sachverhalte häufig dem Kaiser zur Entscheidung vorlegten und daß andererseits Berufung (*appellatio*) an den Princeps eingelegt wurde.

Auf vielfältige Weise und in vielfältigen Formen ergab sich schließlich eine komplexe rechtsschöpferische Tätigkeit des Princeps, sei es durch die im Verfahren freizügigeren Entscheidungen des Kaisergerichts (*decreta*), durch die Verabschiedung von Gesetzen, Weisungen (*mandata*) an Statthalter und Legaten, sei es durch die Reskripte auf vorgelegte Akten, sei es durch allgemeine rechtlich bindende Vorschriften, die *constitutiones,* wie zum Beispiel die berühmte *Constitutio Antoniniana.*

Angesichts der zahlreichen an den Kaiser herangetragenen Rechtsfragen wuchs zugleich die Bedeutung seiner Beratungsinstanz, des *consilium.* Zu ihm zählten nicht nur erfahrene und angesehene Juristen, sondern auch der Prätorianerpräfekt, der schließlich an Stelle des Kaisers auch die letzten juristischen Entscheidungen zu treffen hatte, gegen die es dann keine Appellation mehr gab.

Während in diesem Entwicklungsprozeß der Princeps für das gesamte Imperium zum Gerichtsherrn geworden war, unter dem sich ein Instanzenzug herausgebildet hatte, wurde gleichzeitig der Bedarf an juristischer Fachkompetenz immer größer und damit die ganze Gruppe juristischer Experten eng an den „kaiserlichen Dienst" herangeführt. Parallel dazu kam es zur Ausbildung des klassischen römischen Rechts wie der Rechtswissenschaft. Der Principatsgegner Marcus Antistius Labeo und dessen Rivale Gaius Ateius Capito, die in augusteischer Zeit als schulbildend galten, Publius Iuventius Celsus und Publius Salvius Iulianus, die Autoren von Digestensammlungen „Rechtsfragen" in hadrianischer Zeit, sowie Aemilius Papinianus, Jurist und Prätorianerpräfekt 203–213, sind die wichtigsten Persönlichkeiten in diesem Feld.

# V. Gesellschaftsstruktur

Die gesellschaftlichen Grundstrukturen des römischen Principats waren das Resultat eines längeren Differenzierungs-
prozesses. Die relative Einheit und Geschlossenheit der Sozialstruktur der römischen Republik wurde einst durch die großen
Gruppen der Patrizier und Plebejer geprägt sowie durch die
Institution der Klientel, der engen und wechselseitigen Verbindung zwischen dem Patron und dem abhängigen Klienten,
verklammert. Sklaven und Freigelassene waren zunächst lediglich in geringer Zahl in diese Gesellschaft integriert.

Als Ergebnis der imperialen Politik Roms und deren tief-
greifender wirtschaftlicher Folgen entwickelte sich dann jedoch ein vielfältiges standes- und personenrechtliches System,
das zudem beträchtliche regionale Unterschiede aufwies. Es
wurde fernerhin durch ein hohes Maß sozialer Mobilität, eine
Vielzahl von Aufstiegsmöglichkeiten und die alten Stände
überlagernde Funktionskompetenzen charakterisiert, die sich
schon zur Zeit Caesars voll entfaltet hatten.

Die römischen Principes dachten zunächst nicht daran, diese
gesellschaftliche und personenrechtliche Vielfalt zu nivellieren.
Sie bemühten sich vielmehr darum, die Voraussetzungen,
Pflichten und Rechte der Stände (*ordines*) der Führungsschichten (Senatoren, Ritter, Municipalaristokratie) zu verfestigen.
Gleichzeitig waren sie darauf bedacht, die Erwartungen der
privilegierten freien römischen Bürger wie der freien Provinzialen zu befriedigen und die leistungsfähige Gruppe der Freigelassenen voll in Gesellschaft und Staat zu integrieren.

Schließlich sahen sie es als ihre Aufgabe an, die teilweise
beträchtliche und in manchen Sektoren bereits unentbehrliche
Schicht der Sklaven durch deren Schutz vor exzessiver und
willkürlicher Ausbeutung und Mißhandlung ruhig zu halten.
Daneben respektierten sie durchaus die traditionellen politischen, gesellschaftlichen und wirtschaftlichen Besonderheiten
sowie das zivilisatorische Gefälle zwischen den einzelnen Provinzen des römischen Machtbereiches.

Wenn im folgenden einführenden Überblick die traditionelle Aufgliederung der römischen Gesellschaft beibehalten wird, so ist dabei von vornherein zu berücksichtigen, daß kein abstraktes und statisches Modell der sozialen Realität des Imperiums gerecht werden kann. Diese wird vielmehr durch ein hohes Maß von Fluktuation und Überlagerungen gekennzeichnet: Der reiche Freigelassene von heute konnte der Großvater des Ritters von morgen sein, in Ausnahmefällen vom Princeps sogar selbst in den Ritterstand erhoben werden. Der für das Finanzressort zuständige Freigelassene der *familia Caesaris* verfügte über größeren Einfluß als der alte Patrizier. Schließlich wurde aus dem überwiegend römisch-italischen Senat der augusteischen Epoche in der Ära der Antonine ein „Reichssenat".

## Die Sklaven

Seitdem in der späten römischen Republik Zehntausende von Kriegsgefangenen, Opfer von Piraten und andere Verschleppte die Sklaverei in Italien zu einem Massenphänomen werden ließen, erhielt diese für Wirtschaft und Gesellschaft fundamentale Bedeutung. Der Mangel an zuverlässigen statistischen Materialien erlaubt es freilich nicht, ein genaues Bild vom Anteil der Sklaven an der Gesamtbevölkerung und in den einzelnen Sektoren und Regionen zu entwerfen. Moderne Schätzungen, die für Italien in augusteischer Zeit 40% Sklaven annehmen, lassen sich gewiß nicht verallgemeinern. Kennzeichnend sind für die Sklaverei der Kaiserzeit jedenfalls und in jeder Hinsicht außerordentlich große Unterschiede.

Dies gilt schon für die Dimensionen der Sklavenhaushalte. Die Verfügung des Herrn über einige Hundert Sklaven begegnet öfter, insbesondere bei jenen Großgrundbesitzern, die mehrere Güter bewirtschafteten, doch auch bei einem römischen Stadtpräfekten in neronischer Zeit. Andererseits finden sich sowohl bei römischen Senatoren als auch in Randgebieten des Imperiums wesentlich niedrigere Werte. Eine durchschnittliche römische Bürgerfamilie dürfte hingegen allenfalls einen oder zwei Sklaven gehalten haben.

Wenn man von den Massen gefangener Daker absieht, so ist in der Kaiserzeit ein erheblicher Rückgang in der Zahl versklavter Kriegsgefangener festzustellen. Statt dessen wuchs der Anteil hausgeborener Sklaven (*vernae*) beträchtlich an. Da jedes Kind einer Sklavin in das Eigentum des Herrn der Mutter überging, lag die Hinnahme der lediglich durch Gewohnheitsrecht sanktionierten Sklavenehe (*contubernium*) durchaus im Interesse des Sklavenhalters. Gleichzeitig trug deren Duldung wesentlich zur Stabilisierung der Institution bei.

Bei der Provenienz der Sklaven dominierte insgesamt der hellenistische Osten. Vor allem in Phrygien und Bithynien, wo es echte Notstandsgebiete gab, aber auch eine hohe Geburtenrate, kam es relativ häufig zur Aussetzung von Kindern, die dann früher oder später als Sklaven verkauft wurden. Andere Räume, die überdurchschnittlich viele Sklaven auf den Markt brachten, waren Thrakien und Nordafrika. Die Sklavenpreise differierten dabei, je nach Alter, Kondition und Qualifikation, zwischen 800 und 2500 Sesterzen.

Nach wie vor nahm der landwirtschaftliche Sektor den Großteil der verfügbaren Sklaven auf. Wie die römischen Agrarschriftsteller (Cato, Varro, Columella) dokumentierten, kam es dabei zu einer immer konsequenteren Rationalisierung des Einsatzes von Sklaven und zu einer schärferen Kalkulation. Dies führte dazu, daß der Rückgriff auf freie Pächter (Kolonen) häufiger wurde.

Symptomatisch für die Gesamtlage in dieser Sparte ist auch die Zunahme der Sklavenflucht, die wohl häufig gelang, obwohl Prämien von bis zu 500 Sesterzen für die Ergreifung der Entflohenen ausgesetzt waren und obwohl sich ein eigener Beruf der Sklavenfänger (*fugitivarii*) ausgebildet hatte. Doch der Arbeitskräftemangel einerseits und die geringe Bereitschaft der Grundbesitzer, an den Nachstellungen mitzuwirken, andererseits verhinderten nicht selten den Erfolg der Suchaktionen. Sklavenaufstände größeren Ausmaßes waren dagegen, im Unterschied zum 2. und 1. Jahrhundert v. Chr., äußerst selten.

Die härtesten Arbeitsbedingungen hatten die massenhaft in Steinbrüchen und Bergwerken eingesetzten Sklaven hinzunehmen, dies nicht zuletzt auch deshalb, weil es hier zu keinerlei persönlichen Verbindungen zwischen Herren und Sklaven kam. Solche Beziehungen waren dagegen in den vielfältigen Bereichen der Gewerbe- und Haussklaven, insbesondere jedoch bei der Sklavenintelligenz die Regel. In den zahlreichen Handwerker- und Gewerbebetrieben, die Sklaven beschäftigten, bildeten sich im Alltag Arbeitsgemeinschaften aus, die zu echten Vertrauensverhältnissen führen konnten.

Ähnliches galt für den Sektor der Haussklaverei beiderlei Geschlechts, für die Ammen, Dienerinnen, Pädagogen, das Küchen- und Bedienungspersonal, die Geschäftsführer und Sekretäre der großen Haushalte, nicht weniger für die Sklavenintelligenz, die Ärzte, Künstler jeder Art, die Techniker und Ingenieure, von deren Qualifikationen die Besitzer besonders profitierten.

Am anderen Ende der Skala standen die Gladiatoren, die Opfer der für die römische Zivilisation zentralen Spiel- und Unterhaltungssphäre. Denn die oft bewunderten Helden der Arena waren bis auf wenige Ausnahmen dem Tode geweiht, auch die hochtrainierten und umfassend ausgebildeten Fechtersklaven.

Eine Sonderstellung nahmen schließlich die Sklaven der *familia Caesaris* ein, deren hohe Gesamtzahl schon allein daraus hervorgeht, daß bisher aus Rom und Italien über 4000 Grabinschriften kaiserlicher Sklaven und Freigelassener bekannt sind. Für den gesamten Verwaltungs- und Haushaltsbereich der Principes sind sie nicht wegzudenken. Dabei formierten sie ihre eigenen Hierarchien. So verfügte unter Tiberius ein kaiserlicher Sklave, der als Kassier beim *fiscus Gallicus* eingesetzt war, über ein Gefolge von nicht weniger als 16 spezialisierten Untersklaven (*vicarii*).

Es ist deshalb auch begreiflich, daß die Principes ein erhebliches Interesse an der Stabilisierung der Sklaverei im Rahmen der Gesamtgesellschaft besaßen. So erklärt sich auch deren besonnenes Vorgehen in all jenen Fällen, welche Funktionieren und Kontinuität des Systems gefährdeten. Infolgedessen setzten sie die Stadtpräfekten als reguläre Beschwerdeinstanz ein;

so heißt es in einem Reskript des Antoninus Pius an einen Prokonsul der Baetica grundsätzlich: „Die Gewalt der Herren über ihre Sklaven soll ungeschmälert sein, und niemandem darf sein Recht entzogen werden. Doch liegt es im Interesse des Herren, daß Hilfe gegen Grausamkeit, Hunger oder unerträgliches Unrecht denen nicht verweigert wird, die zu Recht darum ersuchen." (Digesten 1,6,2).

Als Ganzes wurde die Institution der Sklaverei in der Kaiserzeit nicht in Frage gestellt. Der Sklave blieb in jener Epoche stets primär ein Eigentumsobjekt, erst in zweiter Linie wurde er als menschliches Subjekt anerkannt. Autoren wie Seneca, Columella und der jüngere Plinius mochten für eine bessere Behandlung der Sklaven plädieren und die menschliche Gemeinsamkeit in den Vordergrund rücken: „Es sind Sklaven, aber doch Menschen – Der Mann, den Du einen Sklaven nennst, stammt aus dem gleichen Samen, weilt unter demselben Himmel, atmet, lebt und stirbt wie Du!" (Seneca, *Briefe an Lucilius* 47).

Doch nicht philosophische Überzeugung, sondern allein rationale Erkenntnisse und Erfahrungen führten gelegentlich wenigstens zur Verbesserung der Existenz dieser Menschengruppe. Wie Paulus' Brief an Philemon bezeugt, hat auch das Christentum die Sklaverei hingenommen. Da Christus selbst am Kreuz einen typischen Sklaventod starb, Maria später als *ancilla domini* (Magd des Herrn) verehrt wurde, Paulus sich als „Sklaven Christi" und als „Sklaven des Herrn" bezeichnete (Römer 1,1; 2. Timotheus 2,24), wurde der Begriff des Sklaven jedoch inhaltlich relativiert, neu bezogen und in eine höhere Sphäre aufgehoben.

## Die Freigelassenen

Die Hoffnung auf Freilassung trug bei den Sklaven wesentlich zur Akzeptanz ihrer Stellung sowie zu einem positiven Verhalten gegenüber ihrem Besitzer bei. Auf solche Weise konnten sie selbst ein Eigenvermögen (*peculium*) erwerben, das ihnen den Freikauf ermöglichte. Daneben waren testamentarische Freilassungen beim Tode des Herrn oder solche in anderen Zusammenhängen nicht selten. Die in Rom juristisch geregelte Freilassung brachte dem ehemaligen Sklaven freilich keine absolute Freiheit. Er war vielmehr zu einem Treueverhältnis (*obsequium*) gegenüber seinem bisherigen Herrn sowie zur Erfüllung konkreter Auflagen (*officia*) oder Arbeitsleistungen (*operae*) verpflichtet.

Da schon die Kinder der Freigelassenen jenen freier Bürger rechtlich gleichgestellt waren, tangierte die private Entscheidung staatliche Interessen, dies insbesondere dann, wenn moderne Annahmen zutreffen, daß in Italien über die Hälfte der Sklaven noch vor ihrem 30. Lebensjahr in die Freiheit entlassen wurden, wobei die Lage für junge Sklavinnen noch günstiger war. Es ist deshalb verständlich, daß bereits Augustus auf eine korrekte Verrechtlichung des Prozesses drang und daß er vor allem die Massenfreilassungen einschränken wollte.

Funktional bildeten die Freigelassenen jene Gesellschaftsschicht, die im gesamten Imperium ihre stärksten Energien und Initiativen in allen Sektoren der Wirtschaft entfalten konnte. Vor allem in Handwerk, Handel, Dienstleistungen verschiedenster Art, aber auch innerhalb des kaiserlichen Haushalts boten sich beträchtliche Erfolgsaussichten und Aufstiegsmöglichkeiten. Wie ihre Grabreliefs zeigen und Petrons *Gastmahl des Trimalchio* in parodistischer Form belegt, trumpften die Freigelassenen gerne mit ihren wirtschaftlichen Erfolgen und ihrem Reichtum auf. Die Spenden und Leistungen reicher Freigelassener hätten weder ihre Heimatorte noch ihre städtischen Berufsverbände (*collegia*) oder die Gremien für den städtischen Kaiserkult (*Augustales*) entbehren können.


## Die Provinzialen

Die freien Provinzbewohner bildeten einerseits die größte Gruppe unter den Angehörigen des Imperiums, andererseits herrschten bei ihnen auch die größte Vielfalt und die größten Unterschiede. Eine Welt trennte sowohl in Lebensform als auch in Mentalität und Selbstverständnis den freien Bürger in einer alten Polis in Griechenland oder in Kleinasien von den ebenfalls freien Nomaden der arabischen und nordafrikanischen Grenzgebiete. In zahlreichen Zellen des Imperiums wirkten alte Gegensätze zwischen ethnischen und sozialen Gruppen fort, wenn diese auch nicht immer die Schärfe der Auseinandersetzungen zwischen Griechen und Juden in Alexandria oder zwischen den Vollbürgern und den minderprivilegierten „Leinewebern" in Tarsos erreichten. Der Zwang zu Schlichtungen und zur Sicherung von Ruhe und Ordnung, der daraus für die römischen Statthalter erwuchs, war jedenfalls nicht gering.

Für die freien Provinzialen war der Principat indessen nicht allein Garant der Sicherheit und des Rechts, dies im umfassendsten Sinne, sondern zugleich auch jener Machtfaktor, der die wichtigen wirtschaftlichen Rahmenbedingungen und Entfaltungsmöglichkeiten gewährleistete, für Zehntausende von jungen Männern zudem in den Hilfstruppenteilen eine befriedigende Existenz und den Aufstieg zum römischen Bürgerrecht bot. Da die römische Herrschaft in den Provinzen deren Eigenleben und Tradition tolerierte, waren die Loyalitätsakte der freien Bevölkerung für das regierende Haus, insbesondere in den verschiedenen Formen des Kaiserkultes, weithin Belege für die Akzeptanz des Systems.


## Die römischen Bürger

Die Inhaber des römischen Bürgerrechts hatten in der Kaiserzeit längst ihre alte Geschlossenheit und Homogenität verloren. Sie waren weder identisch mit der Einwohnerschaft Roms noch mit städtischer und ländlicher *plebs*, sondern sie waren in erster Linie eine personenrechtlich privilegierte Gruppe. Der freie römische Kleinhandwerker zählte zu ihr ebenso wie der einstige freie Bundesgenosse in Nord- oder Süditalien, der Apostel Paulus wie der reiche und einflußreiche Freund des Augustus in Sparta, Gaius Iulius Eurykles.

Seitdem die römischen Volksversammlungen ihre alten Kompetenzen verloren hatten, wurden die Inhaber des Bürgerrechts mehr und mehr entpolitisiert. Wie es Juvenal in seiner zehnten Satire (77 ff.) gültig beschrieb, wünschte sich jenes freie römische Volk, das einst Herrschaft, Heere, Amtszeichen und Würden verliehen hatte, nur noch zwei Dinge: *panem et circenses*. Auf Grund der Bevölkerungskonzentration in der Hauptstadt waren die schon erwähnten Getreide- und Geldspenden der Principes längst ebenso unumgänglich geworden wie die Spiele mit ihren Wagenrennen, Tierhetzen und Gladiatorenkämpfen, die bereits unter Augustus an insgesamt 65 Tagen im Jahr stattfanden.

Dennoch wäre es falsch, im Kern der freien Bürger Roms lediglich die Ansammlung von Schmarotzern zu sehen. Von den Spenden der Principes allein konnten die ärmeren Familien nicht ernährt werden. Nach wie vor fristete die Masse der Bevölkerung in Kleinhandwerk, Baugewerbe, Kleinhandel und im Dienstleistungsbetrieb ihr Leben. So wurden in Rom wie in vielen Städten die Berufsverbände (*collegia*) mit zu den wichtigsten sozialen Zellen. Sie besaßen in ihren Vereinshäusern (*scholae*) oft großzügig ausgestattete Mittelpunkte in Porticus (Wandelhallen-)höfen, Tempelanlagen und Saalbauten. Aus Rom sind nicht weniger als 26 solche Anlagen archäologisch bezeugt, aus dem wirtschaftlich besonders regen Ostia, der römischen Hafenstadt, immerhin 19.

Die *collegia*, die im übrigen nicht nur Freien, sondern auch Freigelassenen und in geringem Umfang Sklaven offenstanden, fußten auf gemeinsamen Berufs- und Gesellschaftsinteressen. Die Mitgliederzahl der bekannten Kollegien schwankt dabei zwischen 17 und 1500 Personen, für kleinere Städte wird meist eine durchschnittliche Zahl von 50 Angehörigen angenommen. Neben dem internen Vereinsleben, dessen Struktur am Beispiel der Stadtverfassungen orientiert war, stand stets auch die Pflege des Kaiserkultes mit im Vordergrund der Aktivitäten, daneben die Begräbnisfürsorge und die Unterstützung bedürftiger Mitglieder.

Die Berufsverbände hatten indessen auch wichtige öffentliche Aufgaben zu übernehmen. So bildeten die Einheiten der Zimmerleute, Bauhandwerker und ähnlicher Spezialisten in nicht wenigen Städten zugleich die Feuerwehr. Eine ähnlich große Bedeutung kam den Verbänden des Transportwesens zu, insbesondere den *navicularii,* die den Fluß- und Seetransport garantierten und deshalb seit Claudius immer wieder privilegiert wurden.


## Die Frauen

Eine allgemeine Einschätzung der Lage der Frauen in der römischen Kaiserzeit ist kaum möglich. Einerseits bestanden in vielen Regionen des Imperiums die traditionellen lokalen Bindungen und Lebenswirklichkeiten der Frauen nahezu unverändert fort, andererseits war die Existenz der Frauen von der jeweiligen gesellschaftlichen Stellung ihres Mannes abhängig und wies deshalb extreme Unterschiede auf. Schließlich kam hinzu, daß die literarischen antiken Quellen nahezu ausschließlich über Damen der Oberschicht sowie über exzentrische Gestalten berichten, während bei den Grabinschriften für die Frauen der mittleren und unteren Gesellschaftsschichten stereotype Formeln überwiegen, die nur selten Realität und Individualität widerspiegeln. Daher ist auch hier eine gewisse Einseitigkeit unvermeidlich, ebenso die Konzentration auf den römisch-italischen Raum.

Seit der späten römischen Republik ist eine Tendenz zur rechtlichen Besserstellung der Frauen, zu ihrer Emanzipation, festzustellen. Die „*Manus*-Ehe", welche die Ehefrau einst völlig der rechtlichen Gewalt und vor allem auch dem vermögensrechtlichen Monopol ihres Mannes oder dessen Vaters ausgeliefert hatte, wurde nur noch selten gewählt. Nahezu zur Regel ist jetzt die „*manus*-freie" Ehe geworden, in welcher die Frau in Besitz und Verwendungsrecht ihrer Mitgift sowie weiterer persönlicher Vermögensteile verblieb.

Einen großen Rückschritt brachten freilich die „Ehegesetze", besser Diktate, des Augustus von 18 v. und 9 n. Chr. Diese dekretierten eine allgemeine Ehepflicht für Männer zwischen dem 25. und 60., für Frauen zwischen dem 20. und 50. Lebensjahr. Nach Todesfällen der Partner oder nach Scheidungen wurde eine Wiederverheiratung innerhalb kurzer Frist gefordert. Damit verbunden waren die Drei-Kinder-Pflicht für römische Bürger, die Vier-Kinder-Pflicht für Freigelassene. Kinderlose Ehen sollten aufgelöst werden. In Ausnahmefällen konnte das Drei-Kinder-Recht, das mit erheblichen Vergünstigungen verbunden war, auch als Privileg verliehen werden.

Zu diesen Grundlinien traten weitere Einzelheiten hinzu: So waren Angehörigen senatorischer Familien Ehen mit Freigelassenen und Schauspielern verboten, allen Römern solche mit Prostituierten und Ehebrecherinnen. Mit dem Gesetz des Jahres 18 v. Chr. war zudem ein weiteres über die Eindämmung des Ehebruchs verbunden, das alle nur denkbaren Fälle berücksichtigte, die Untreue des Ehemannes gegenüber seiner Frau jedoch straflos ließ.

Die in abstoßender, geradezu perfektionistischer Kasuistik dekretierten Gesetze konnten nur durch Stimulierung und Belohnung von Denunzianten durchgesetzt werden, welche die allgemeine Atmosphäre noch zusätzlich vergifteten. In ihrer Gefühllosigkeit, Kälte und Menschenverachtung reflektierten sie jene Haltung, die Augustus auch innerhalb seiner eigenen Familie, vor allem bei der Regelung der Nachfolgefrage, zeigte; sie bilden eine der dunkelsten Seiten dieser „Friedensherrschaft". Wie zu erwarten war, griffen die Diktate dann doch nicht. Auf allen nur denkbaren Wegen, vor allem durch Scheinehen, wurden sie umgangen.

Die gesellschaftliche Realität war in nicht wenigen Familien gewiß noch immer durch das traditionelle römische Frauenideal bestimmt. Danach war die Stellung der den Haushalt leitenden Ehefrau durchaus geachtet. Wenn irgend möglich, wurden ihr schwere körperliche Arbeiten abgenommen, Spinnen, Weben, Stricken und andere Handarbeiten dagegen erwartet. Die Ehefrau, die drei Kinder geboren hatte (und dies zunächst ohne gesetzliche Nötigung), durfte sich mit einer besonderen Stola schmücken. In schroffem Gegensatz zur augusteischen Wiederverheiratungspflicht stand die *„univira"*, jene Ehefrau, die ihr ganzes Leben hindurch „nur eines Mannes Frau und Geliebte" gewesen war, als höchstes Ideal.

Es ist gewiß richtig, wenn so häufig betont wird, daß die römischen Frauen über einen größeren Freiheitsraum verfügten als zum Beispiel die Griechinnen. Sie konnten an Gast-mählern teilnehmen, Theater, Amphitheater und Zirkus besu-chen – falls sie dazu Zeit hatten. Gerade für die Lebensführung der Frauen der Ober- und Mittelschichten ist die Überlieferung äußerst zwiespältig. Während Juvenal und Martial, aber auch andere Autoren eine Welt der Promiskuität, Laszivität, Zügel-losigkeit, der Herrschsucht und des Ehrgeizes der Frauen zeigen, eine Welt der Affären und Exzesse, hält Tacitus nach wie vor, und gerade für Frauen der oberen Stände, an den alten Idealen der Reinheit, Scham – und der Treue fest.

Der direkte wie der indirekte Einfluß der Frauen des Kaiser-hauses ist bekannt. Immerhin wurden schon während des 1. Jahrhunderts n. Chr. sechs Frauen divinisiert. Sie erhielten damit eigene Kulte, Tempel und Priesterschaften. Vor allem angesehene Frauen der Oberschichten wirkten als Prieste-rinnen und entfalteten auch in einzelnen Mysterienkulten, ins-besondere in jenen für Isis und Kybele, starke Aktivitäten.

Im Unterschied zu älteren Vorstellungen war auch der Anteil der Frauen am Wirtschaftsleben beträchtlich. Sie arbeiteten nicht nur als Ärztinnen und Hebammen, in Handwerk und Handel, als Laden- und Werkstattbesitzerinnen, sie verwal-teten ihren Grundbesitz, waren in der *Sigillata*(Töpfer)-Pro-duktion tätig oder leiteten Ziegeleien.

Die Interpretation der rund 170 Inschriften auf den gewachs-ten Holztäfelchen von Mucesine (in der Nähe von Pompeji) aus der Zeit zwischen 35 und 55 n. Chr. zeigt zum Beispiel den Anteil und die Formen der Mitwirkung von Frauen am Ge-schäftsleben. Sie zeigt aber auch, daß Frauen in jenem Ge-schäftsverkehr nicht als Zeuginnen auftraten, die Bildung weiblicher Beziehungsnetze damit erschwert wurde.

### Die Municipalaristokratie

Die Municipalaristokratie, der Stand der Stadträte (*ordo decu-rionum*), ist identisch mit der jeweiligen städtischen Führungs-schicht des Imperiums. Vor allem der große russische Althisto-riker *Michael Rostovtzeff* hat die maßgebende Bedeutung und die beträchtlichen Leistungen dieser Gruppe ins Bewußtsein gerufen (*Gesellschaft und Wirtschaft im römischen Kaiserreich.* 2 Bde. 1931), von deren Einsatz die Lebensqualität in den rund zweitausend Städten des Reiches weitgehend abhing. Doch so bunt und vielfältig diese Städtewelt war, so inhomogen war auch diese Personengruppe.

Voraussetzung für die Aufnahme in den Stand war neben der Geburt als freier Bürger, dem Wirken in einem unanstößigen Beruf, gutem Leumund und einem Mindestalter von 25 Jahren auch ein Mindestvermögen, das je nach Größe und Reichtum der Stadt durchaus verschieden bemessen war. Genügten in einer nordafrikanischen Kleinstadt bereits 20 000 Sesterzen, so war in Karthago das Fünffache dieser Summe erforderlich, um zum Stadtrat gewählt oder kooptiert zu werden. Angestrebt wurde dabei jeweils eine Zahl von hundert Mitgliedern, die freilich nicht immer erreicht werden konnte. Die Gesamtzahl der Angehörigen dieses Standes wird auf etwa 150 000 Personen geschätzt.

Die Dekurionen hatten Kulte, Feste, Spiele, öffentliche Mahlzeiten zu finanzieren, für preisgünstige Lebensmittel zu sorgen, ihre Stadt mit repräsentativen Bauten und Kunstwerken zu schmücken. Sie hatten Gesandtschaften zu übernehmen, sich an Ehrengeschenken zu beteiligen und darüber hinaus eine Vielzahl weiterer kostspieliger Leistungen zu erbringen. Schon bei der Aufnahme in das Gremium wie bei der Übernahme der verschiedenen Ämter waren Ehrengelder (*summae honorariae*) zu erbringen. Mit all dem schufen die Dekurionen die grundlegenden Elemente der städtischen Zivilisation.

Die Bezeichnungen der städtischen Ämter richteten sich weithin nach den jeweiligen Traditionen, im Westen des Imperiums im allgemeinen nach dem römisch-italischen Modell. So waren der *Quaestor* für das Kassenwesen, der *Ädil* für Polizeibereich, Marktordnung und Spiele, die *duoviri* für Rechtsprechung, die Ausgestaltung von Opfern und Festen, die Kontrolle des Finanz- und Steuerwesens verantwortlich. Daneben fungierten die Dekurionen gleichzeitig in verschiedenen priesterlichen Funktionen.

Die Relikte der lokalen Autonomie wurden auf diese Weise von den leistungsfähigen Bürgern der Stadt erkauft und getragen; Ehrenstatuen und Inschriften dokumentieren ihre Leistungen und Verdienste. Doch die Zugehörigkeit zum *ordo decurionum* wurde schon im 2. Jahrhundert n. Chr. zu einer immer größeren Belastung, aus den anfangs freiwilligen Stiftungen immer häufiger erzwungene Auflagen. Der Glanz wie das Zivilisationsniveau der Städte, auch die kulturellen Grundlagen des Imperiums sind so weithin den Dekurionen zu verdanken; ihr lokaler Stadtpatriotismus wurde dem Imperium dienstbar gemacht.

## Die Ritter

Der römische Ritterstand setzte sich zum weit überwiegenden Teil aus erfolgreichen Grundbesitzern und Geschäftsleuten zusammen, Agrariern, Händlern, Bankiers und Gewerbetreibenden, die zu einem großen Vermögen gekommen waren. Von den rund 20000 Angehörigen dieser Personengruppe in der Kaiserzeit hatten nur rund 550 Ritter Offiziersstellen inne und etwa 110 Ritter dienten als Prokuratoren in den verschiedenen Sparten der Finanz-, Steuer- und Ziviladministration des Princeps. Dennoch bildeten sie zusammengenommen das wichtigste neue Element der Reichsverwaltung und der Führungsebene.

Voraussetzung für die Ernennung zum Ritter durch den Princeps war der Nachweis freier Geburt für mindestens zwei Generationen der jeweiligen Familie sowie ein Mindestvermögen von 400000 Sesterzen. Die Angehörigen des Ritterstandes trugen als Statussymbole einen goldenen Ring, an der *Tunica* einen schmalen Purpurstreifen sowie eine besondere Paradeuniform; im Theater standen ihnen Ehrensitze zu. – Andererseits war ihnen die Mitgliedschaft in den alten großen Priesterschaften verwehrt.

Ähnlich wie bei den Senatoren war auch bei den Rittern die Ämterlaufbahn (*cursus honorum*) normiert. Am Beginn stand jeweils ein mehrjähriger Offiziersdienst, der überwiegend als

Kommandeur von Hilfstruppenteilen, häufig in Kastellen am Limes, zu absolvieren war. Erst danach folgte, je nach Qualifikation, eine sehr differenzierte Laufbahn in den verschiedensten Bereichen der Administration, zum Beispiel als Leiter (*procurator*) der Steuerverwaltung einer Provinz, Verwalter einer bestimmten Steuerkategorie mehrerer Provinzen oder als Leiter eines Ressorts der zentralen Principatsverwaltung.

Spitzenstellungen des ritterlichen Dienstes bildeten schließlich der Posten des *praefectus vigilum,* des Kommandanten der Feuerschutz- und Sicherheitskräfte der Hauptstadt, des *praefectus classis,* des Admirals einer Flotte, des *praefectus annonae,* des Verantwortlichen für die Lebensmittelversorgung der Stadt Rom. Besonders wichtige Vertrauensstellungen hatten daneben der *praefectus Aegypti* inne, dem ganz Ägypten unterstand, und der *praefectus praetorio,* der Befehlshaber der Garde, der zugleich über bedeutende juristische Kompetenzen verfügte und der oft genug, zum Beispiel in den Fällen des Seian und des Titus, faktisch der zweite Mann im Staate gewesen ist.

## Die Senatoren

Die rund 600 Senatoren bildeten auch in der Kaiserzeit die höchste gesellschaftliche Schicht des Imperiums. Allerdings handelte es sich bei ihnen längst nicht mehr um die markigen, adelsstolzen Gestalten der Republik. In den Proskriptionen, Bürgerkriegen und Senatssäuberungen des 1. Jahrhunderts v. Chr. waren diese weithin ausgelöscht und durch bereitwillige und zuverlässige Stützen des Principats ersetzt worden.

Selbst die Provenienz dieses Personenkreises hatte sich entscheidend verändert: In der Mitte des 2. Jahrhunderts n. Chr. stammten lediglich noch 57% der Senatoren aus Italien. Von den übrigen waren 46,5% in den östlichen, 26,8% in den afrikanischen, 23,9% in den westlichen und 2,8% in den dalmatinischen Provinzen beheimatet. Was nicht weniger wichtig ist: Schon unter Mark Aurel (161–180 n. Chr.) war der Anteil italischer Konsuln auf 43% gesunken. Aus dem alten Führungsgremium der römisch-italischen Elite war somit ein Organ der Reichsaristokratie geworden.

Zur Integration der neuen Mitglieder des römischen Senats in die Korporation trugen entscheidend die Voraussetzungen bei: ein Mindestvermögen von 1 Million Sesterzen und das Absolvieren der normierten senatorischen Laufbahn, die noch immer durch den Wechsel ziviler und militärischer Leitungsfunktionen charakterisiert war. Zwischen seinem 18. und 20. Lebensjahr hatte der meist bereits aus einer senatorischen Familie stammende Anwärter zunächst eine Stelle im Rahmen des sogenannten *Vigintivirats* zu übernehmen, das heißt in einer von vier Kommissionen mit insgesamt 20 Posten, die entweder im juristischen Bereich, in der Straßenverwaltung oder, dies war besonders angesehen, für die Münzprägung aktiv waren.

Danach wechselte der Bewerber als *tribunus laticlavius* in den Stab einer Legion, wo er einige Jahre als Offizier diente. Im Alter von 25 Jahren war dann die *Quästur* erreicht, die bereits mit einem Sitz im Senat verbunden war. Die 20 Stellen dieses subalternen Verwaltungsamtes waren teils in Rom selbst, teils in den senatorischen Provinzen angesiedelt und vermittelten somit weitere Erfahrungen in der Administration. Nach einem Intervall von zwei Jahren hatten sich alle jene jungen Senatoren, die nicht dem Patriziat angehörten, um eine Stelle als Volkstribun oder als *Ädil* zu bewerben. Da dafür nur insgesamt 16 Positionen zur Verfügung standen, war hier eine nicht unwichtige Hürde zu nehmen.

Mit der *Prätur,* die im Alter von 30 Jahren erreicht werden konnte, gelangte der Senator auf einen ersten Höhepunkt seiner Laufbahn, nicht wenige auch bereits an deren Ende. Einst überwiegend mit der Rechtsprechung befaßt, wurden die Inhaber dieses Amtes und Ranges längst in den verschiedensten verantwortungsvollen Führungspositionen, dies oft für mehrere Jahre, eingesetzt. Dazu zählten die Leitung der offentlichen Arbeiten wie die Überwachung der Getreideverteilung in der Hauptstadt, die Aufsicht über eine der großen italischen

Fernstraßen, die Verantwortung für eine der bedeutenden Staatskassen (*aerarium militare, aerarium Saturni*), die Verwaltung einer kleineren Provinz, nicht zuletzt das Kommando über eine Legion.

Während Patrizier das Konsulat bereits im Alter von 33 Jahren erlangen konnten, wurde dies den Angehörigen plebejischer Familien erst zehn Jahre später möglich. Die Aussichten, *Konsul* zu werden, waren deshalb so schlecht, weil im 2. Jahrhundert n. Chr. jährlich nur 8–10 Personen, wenigstens für einige Monate, die immer noch angesehenste Magistratur erreichten. Den Konsularen allerdings standen dann besonders wichtige Ämter, wie das des römischen Stadtpräfekten, und Statthalterschaften in den großen Provinzen, in denen oft mehrere Legionen garnisoniert waren, offen. Es ist evident, daß solche Stellen das volle Vertrauen des Princeps in den Konsular voraussetzten.

Neben der Bekleidung der verschiedenen Magistraturen und Positionen erwarb der Senator ein großes Sozialprestige auch durch seine Zugehörigkeit zu den alten Priesterkollegien. Ob *Pontifex, Augur, Fetiale* oder *Septemvir epulonum,* die traditionellen Priesterstellen galten als so wichtig, daß sie mit zur offiziellen Titulatur gehörten und demonstrativ herausgestellt wurden.

Auch in der Kaiserzeit blieb Großgrundbesitz die wichtigste wirtschaftliche Grundlage senatorischen Reichtums. Dessen Konzentration führte dabei zu so extremen Erscheinungen, daß das Vermögen des reichsten Senators, des Gnaeus Cornelius Lentulus, auf immerhin etwa 400 Millionen Sesterzen geschätzt wird. Der Lebensstil der Senatoren wurde noch immer weithin durch die Klientelverhältnisse bestimmt, das heißt, daß von den großen Herren auch beträchtliche Sozialleistungen erwartet wurden, ebenso, ähnlich wie bei der Municipalaristokratie, größere Stiftungen für ihre Heimatstädte.

Der jüngere Plinius, ein Freund Trajans, dessen Vermögensverhältnisse wenigstens in Umrissen bekannt sind, gibt dafür ein Beispiel: Von den rund 20 Millionen Sesterzen seines Vermögens stiftete er immerhin etwa fünf Millionen für die

Angehörigen seines großen Haushaltes sowie für die verschiedensten religiösen, kulturellen und sozialen Zwecke seiner Stadt.

So beträchtlich der Reichtum der Senatoren und so bedeutend ihre gesellschaftliche Stellung in der Regel waren, so stark nahm faktisch die politische Macht des Standes ab. Jeder einzelne Senator verdankte die Sicherheit seiner Existenz und seines Vermögens, Ämter, Würden, nicht zuletzt die zum Teil extrem hohen Besoldungen (bis zu einer Million Sesterzen jährlich) dem Princeps. Für Mentalität und Haltung der Senatoren ist es bezeichnend, daß sie die politischen Chancen, die sich ihnen nach den Ermordungen Caligulas, Neros, Domitians und des Commodus boten, nicht zu nutzen verstanden. Die Anpassung an die gegebenen Machtverhältnisse war zur Norm geworden. Ein Herrscher wie Traian, der den Senat demonstrativ respektierte, ihn beim Abschluß von Verträgen mitwirken ließ, den einzelnen Senator namentlich begrüßen konnte, gleichzeitig aber auch große außen- wie innenpolitische Erfolge errang, mußte deshalb zum *optimus princeps* werden.

## *domus principis*

Die lange Zeit übliche Verengung der Geschichte der römischen Kaiserzeit in die Abfolge einer langen Kaiserreihe und deren isolierte Darstellung in Gestalt einer Galerie von Kaiserbildnissen mußten zu einem unzulänglichen Gesamtbild des Principats führen. Die historische Realität zeigt dagegen in klassischer Weise der Südfries der zwischen 13 und 9 v. Chr. geschaffenen *Ara Pacis Augustae,* der den Princeps an der Spitze seines ganzen Hauses sowie seiner engsten Freunde und Mitarbeiter, des Agrippa und des Maecenas, abbildet. Ganz offen und unmißverständlich wird hier zum Ausdruck gebracht, daß das neue politische System nicht nur mit einem Manne identisch war, sondern daß es von einer vielköpfigen Familie und deren Umkreis getragen wurde. Der Fries ist somit eine geradezu programmatische Demonstration der *domus principis*.

Südfries der Ara Pacis Augustae, Rom, 13–9 v. Chr., Höhe 1,55 m.
Links: Kultpersonal. Mitte und rechts: M. Agrippa, Iulia mit C. Caesar,
Livia und weitere Angehörige der domus principis

Die künstlerische Hervorhebung des ganzen „Hauses" des
Princeps steht in einer starken dialektischen Spannung. Denn
einerseits wurde in Rom die hellenistische, dynastisch geprägte
Monarchie, insbesondere in ihrer ptolemäischen Fassung, wie
sie zuletzt Kleopatra vergegenwärtigt hatte, entschieden ab-
gelehnt. Andererseits ist die traditionelle römische Familien-
struktur mit ihrem starken paternalistischen Akzent gerade
neu gefestigt worden.

In politischer Hinsicht aber wurde die Position des Princeps nicht nur durch die ständige Erweiterung seiner Kompetenzen und seines Einflusses, sondern in gleicher Weise durch die Leistungen der Familienangehörigen, insbesondere der Stiefsöhne Tiberius und Drusus, aber auch der alten Freunde und Gefährten, allen voran Agrippas, entscheidend gestärkt. Allerdings wäre es einseitig und irrig, in der *domus principis* nur Stützen des jeweiligen Herrschers zu sehen. Mochte sie nach außen noch so geschlossen in Erscheinung treten, so zeigten sich doch schon unter Augustus die Spannungen und Belastungen, die sich hier entwickeln konnten. Exemplarisch sei nur an die Schicksale von Augustus' Tochter Iulia, seiner Enkelin Iulia und des Tiberius erinnert.

Sollte die Kontinuität der Herrschaft eines Hauses gesichert werden, so wurde die Nachfolgefrage von entscheidender Bedeutung. Wiederholt sind deshalb präsumtive Nachfolger als *principes iuventutis* herausgestellt worden (so Gaius und Lucius Caesar, so Titus und Domitian) oder als *Caesares*. Standen dabei zwei, annähernd gleichaltrige Bewerber zur Verfügung, so waren die Konflikte unvermeidlich. Sie brachen zwischen Caligula und Tiberius Gemellus ebenso aus wie zwischen Nero und Britannicus, Titus und Domitian im 1. Jahrhundert n. Chr., Caracalla und Geta, Elagabal und Severus Alexander im 3. Jahrhundert. Für Sympathisanten und Anhänger des unterlegenen Rivalen wurde dessen Untergang häufig genug gleichfalls zur Katastrophe.

In die Machtfragen verstrickt waren indessen auch die „Kaiserinnen", wie immer sie ihre Stellung nützten und in welcher Weise sie auch ihren Einfluß ausübten, sei es zurückhaltend und eher indirekt wie bei Livia oder in provozierender Offenheit wie bei Agrippina. Livias Ehrung als *„Augusta"* begründete eine Tradition; seit Domitia Longina, der Gattin Domitians, führten alle Kaiserinnen diesen Titel.

In vielfältiger Weise wurden die Frauen der Herrscher daneben durch Bilder und Legenden der Münzen wie andere Objekte und Kunstwerke innerhalb der Selbstdarstellung des römischen Principats geehrt. Paradoxerweise erfolgte dies besonders intensiv in der Ära des Adoptivkaisertums, das doch eigentlich seinem Wesen nach geeignet war, die Bedeutung der Kaiserinnen als Mütter künftiger Herrscher zu reduzieren. Doch vor allem Faustina I., die Gattin des Antoninus Pius, und Faustina II., die Frau Mark Aurels, sind in großen Münzserien gefeiert worden. Nicht wenige dieser Kaiserinnen wurden nach ihrem Tode im Akt der *Consecratio* zu Göttinnen erhoben.

Dieselben Erhöhungen fanden auch noch im 3. Jahrhundert n. Chr. statt. Die Zeit der severischen Dynastie und der syrischen Kaiserinnen bildete einen neuen Höhepunkt der Macht großer Frauengestalten, die dann auch das Schicksal ihrer Söhne teilen sollten.

In besonders engem Kontakt zur *domus principis* stand daneben der weitere Kreis der *familia Caesaris*, der vor allem auch die Sklaven und Freigelassenen des Princeps mit umfaßte, ein Personenkreis, der nicht nur in den persönlichen Diensten der Angehörigen der *domus principis* stand, sondern – wie bereits wiederholt aufgezeigt wurde – auch wichtige Aufgabenbereiche und Leitungspositionen der imperialen Administration übernehmen konnte.

Im ganzen überwiegt somit eine sehr weitgehende Differenzierung der kaiserzeitlichen Sozialstruktur, die geradezu spiegelbildlich mit den politischen Strukturen korrespondiert. Die Gesellschaft der römischen Kaiserzeit wird durch ein ausgewogenes Verhältnis zwischen den traditionellen sozialen Aufgliederungen der einzelnen Räume sowie Netz und Rahmen der imperialen Macht gekennzeichnet. Sie weist beträchtliche, zwischen einer relativ kleinen imperialen Führungsschicht und der Masse der Unterschicht geradezu extreme Gegensätze auf, die jedoch durch die Erwartung effizienter Sozialleistungen gemildert wurden.

Insgesamt zeigt sich für jede einzelne Gruppe dieser Gesellschaft eine erstaunliche Vielfalt sowie bei allen Kategorien auch eine ebenso bemerkenswerte Offenheit. Die Zahl der sozialen Aufsteiger, welcher Provenienz, welchen Berufs und welcher Stellung, welcher Förderung auch immer, war weitaus größer als jene der *homines novi* der römischen Republik.

Entscheidend ist, daß jeder Schematismus vermieden wurde. Ferner, daß es zu keinen lähmenden staatlichen Eingriffen und unerträglichen Belastungen im wirtschaftlichen Sektor kam. Das Imperium garantierte gesellschaftliche Stabilität, doch gleichzeitig Durchlässigkeit. Das verfügbare Potential wurde in weitestem Umfang mobilisiert und auf den verschiedenen Ebenen auch erfolgreich koordiniert. Nicht zuletzt dadurch erklärt sich die langfristige Behauptung dieser historischen Formation.

## VI. Bürgerrechtspolitik und Urbanisierung

Die Entscheidungen der römischen Principes bei der Verleihung des römischen Bürgerrechts und bei der Verbreitung städtischer Lebensformen erwecken im Überblick den Eindruck einer einheitlichen und in sich konsequenten Politik, die am Ende zu einer Nivellierung der früheren Differenzierung und damit der Vielfalt des Imperiums führen mußte. Insgesamt gesehen ist eine solche Tendenz auch durchaus zutreffend.

Es bleibt indessen fragwürdig, ob die einzelnen Herrscher bei ihren jeweils lagebedingten Maßnahmen tatsächlich ein solches Fernziel im Auge hatten. In beiden Sektoren, der Bürgerrechtspolitik wie der Urbanisierung, speziell der Anlage neuer Kolonien, sind die persönlichen Überzeugungen und Initiativen der Principes zu berücksichtigen, auch die jeweiligen Voraussetzungen und Zusammenhänge.

Bei der Beurteilung des römischen *Bürgerrechts* ist davon auszugehen, daß dieses nicht nur personenrechtliche, sondern auch politische Privilegien beinhaltete. Verleihungen an Fremde erfolgten deshalb zur Zeit der Republik nur individuell (viritan) und äußerst selten. Ziel war dabei, entweder die Angehörigen der Führungsschichten italischer Städte enger an Rom heranzuziehen oder militärischen und materiellen Einsatz für Rom zu belohnen. Der Begünstigte behielt jedoch stets das originäre Bürgerrecht seiner Heimatstadt oder seines Stammes bei. Die Existenz der Zwischenstufe des latinischen Rechts erleichterte eine solche Zurückhaltung (siehe unten).

Auf die Dauer konnte sich diese Regelung freilich nicht bewähren. Die zunehmenden und kontinuierlichen Belastungen der Bundesgenossen und deren vielfältige Benachteiligungen führten schließlich zur Krise des Bundesgenossenkrieges (91–89 v. Chr.), der mit der kollektiven Verleihung des römischen Bürgerrechts an Roms italische Verbündete endete. Die Politisierung der Bürgerrechtsverleihungen bestimmte dann den weiteren Verlauf der römischen Innenpolitik zur Zeit der späten Republik mit: Sowohl Caesar als auch die Triumvirn erwiesen sich dabei als äußerst großzügig, obwohl auch sie nicht an eine rechtliche Gleichstellung aller Reichsangehörigen dachten.

Nach der Konsolidierung seiner Macht versuchte Augustus auch hier, ähnlich wie im Falle der Freilassungen von Sklaven, einen eher restriktiven Kurs einzuschlagen. Die Akzente, welche die folgenden Principes setzten, differierten indessen beträchtlich: Auf die häufigen Bürgerrechtsverleihungen des Claudius folgten wechselnde, spezielle Prioritäten. Während Vespasian allen spanischen Städten das latinische Recht verlieh, erwiesen sich Traian im Donauraum, Hadrian und die folgenden Adoptivkaiser besonders im Osten aktiv. Einen Schlußstrich zog dann erst die *Constitutio Antoniniana* Caracallas (212 n. Chr.), die „allen, die über die Oikumene hin wohnen, das römische Bürgerrecht" verlieh (*Papyrus Gissensis* 40 I) – mit Ausnahme der nicht genau zu definierenden Gruppe der *dediticii* (Untertanen).

Der Gesamtprozeß wird indessen in der Kaiserzeit nicht nur durch den Wechsel der regionalen Schwerpunkte, sondern ebenso durch die Erweiterung seiner sozialen Basis charakterisiert. Profitierten von ihm zunächst überwiegend die Oberschichten Italiens und der Provinzen, deren Interessenidentität und enge Verbindungen mit Rom damit auch verrechtlicht wurden, so sind jetzt auch die Unterschichten in größerem Umfang in den Kreis der Vollbürger integriert worden. Dies erfolgte durch die Freilassung von Sklaven ebenso wie durch die Vergabe des Bürgerrechts an die Soldaten der Auxiliarformationen samt deren Angehörigen bei ehrenvoller Entlassung aus dem Dienst.

Gerade durch die beträchtliche Erweiterung der Zahl der privilegierten römischen Bürger in den Städten des Imperiums – und damit zugleich deren vermögendster Schicht – konnten deren materielle Vorteile, vor allem die Freiheit von Steuern und anderen Belastungen, auf die Dauer nicht mehr gewährt werden. Wie die 1957 in Marokko aufgefundene, sogenannte *Tabula Banasitana* aus dem Jahre 177 n. Chr. dokumentiert, durften sich inzwischen auch die Inhaber des römischen Bürgerrechts den finanziellen und sonstigen Belastungen durch ihre Heimatstädte nicht mehr entziehen.

So sehr sich im einzelnen die Initiativen zur Vergabe des römischen Bürgerrechts in der Kaiserzeit wandelten, ein Kriterium ist dabei stets grundsätzlich beachtet worden: Die Verleihung diente nicht dazu, die „Romanisierung" der Begünstigten einzuleiten. Sie bezeugte im Gegenteil, daß die Integration bereits weithin erreicht war. Persönliche wie kollektive Verleihungen des latinischen wie des römischen Bürgerrechts sind deshalb zugleich Gradmesser der Akzeptanz der Normen des Imperiums.

Nicht geringere Bedeutung für die strukturelle Entwicklung des Imperiums kommt der Eigenart des *Urbanisierungs*prozesses in der Kaiserzeit zu. Denn, um das Resultat vorwegzunehmen: Nicht die Provinzen mit ihren teilweise sehr kleinen bürokratischen Behörden und einem oft nur gering ausgeprägten Bewußtsein gemeinsamer regionaler Identität, sondern die Selbstverwaltungskörperschaften der Städte bildeten die eigentliche Basis der Administration. Sie in erster Linie bestimmten Formen wie Inhalte allgemeiner Lebensqualität. Diese Tatsache führte dazu, daß das Reich der Kaiserzeit in der modernen Forschung mitunter als ein politisch zusammengefaßter Städteverband, gleichsam als ein buntes Mosaik von Städten unterschiedlicher rechtlicher Stellung aufgefaßt wurde.

Ein solches Strukturmodell ist freilich durch zwei Elemente zu ergänzen: Erstens dürfen Macht und Mittel der Zentralgewalt, das heißt in erster Linie des Princeps selbst, sodann der Statthalter und Kommandeure sowie vom Princeps ernannter Sonderbeauftragter und Inspekteure (Kuratoren, Korrektoren), nicht unterschätzt werden. Dies gilt vor allem für Krisen im städtischen Finanzbereich.

Zweitens ist zu berücksichtigen, daß das Imperium nicht mit einem lückenlosen Städtenetz identisch war. Nach wie vor gab es in Nordwesteuropa, in den Balkangebieten, im Inneren Kleinasiens wie im Nahen Osten und auch in Nordafrika weite Flächen, in denen Stammesorganisation, Dorfgemeinschaften und Einzelsiedlungen dominierten. Nach neueren Schätzungen traf dies sogar für rund 80 % der Gesamtbevölkerung zu. Ebenso waren die oft sehr großen kaiserlichen Domänen aus den städtischen Verwaltungsräumen ausgenommen. In Ägypten bestimmten noch immer die Gaue die innere Struktur.

Doch zweifellos ist seit Pompeius eine Tendenz zu beobachten, die großen Stammesbezirke aufzugliedern und durch die Organisation zentraler Orte die „Verstädterung" alter Rückzugsgebiete einzuleiten. In dieselbe Richtung wirkte der Zusammenschluß stagnierender oder niedergehender Kleinstädte zu einer größeren Einheit. Der Urbanisierungsprozeß insgesamt war deshalb weder eine autonome Selbstentwicklung des traditionellen Städtewesens noch das Ergebnis primär zivilisatorischer Bemühungen und damit einer einseitigen, kontinuierlichen „Romanisierung".

Die Urbanisierung verlief von Provinz zu Provinz, von Landschaft zu Landschaft völlig verschieden. Das Beispiel der Provence zeigt, daß dort der entscheidende Impuls erst mit der Ansiedlung zahlreicher römischer Veteranen unter Caesar und Augustus griff. Die Folge waren der Ausbau von Administration und Logistik, eine systematische Landvermessung, der Anstieg der Einwohnerzahlen in den größeren Siedlungen und die Anlage monumentaler Bauten. Die Folge waren jedoch auch die Integration der einheimischen Führungsschichten in das gesellschaftliche und politische Gefüge des Imperiums, die Übernahme lateinischer Sprache, Schrift und Kunstformen, des römischen Geldsystems wie die Ausbildung eines gallo-römischen Pantheons, so daß man von einer wechselseitigen Akkulturation sprechen könnte.

Die Voraussetzungen der Urbanisierung waren in den einzelnen Reichsteilen sehr unterschiedlich. Während Rom in Griechenland wie im hellenistischen Osten, insbesondere in Kleinasien und Syrien, bereits zahlreiche griechische und hellenistische Poleis vorfand, während es in Spanien, Nordafrika, Sizilien und auf den Inseln phönikische und griechische Ansätze übernehmen und konsolidieren konnte, knüpfte es in Westeuropa an die Sonderform der keltischen *oppida*-Zivilisation an. Dort, wo – wie in Germanien – solche Siedlungseinheiten fehlten, ist die römische Okkupation häufig gescheitert.

Für die Entwicklung der Kaiserzeit ist es bezeichnend, daß das Nebeneinander verschiedener stadtrechtlicher Grundformen bestehen blieb. Gemäß dem Selbstverständnis ihrer Bewohner bildete die Stadt jeweils eine religiöse und rechtliche, aber auch eine politische Einheit. Sie verfügte über eigene Götter, eine eigene Verfassung und eigenes Recht. Eine Trennung von Stadt und Land gab es nicht. Während die städtischen Territorien im allgemeinen sehr bescheiden blieben, besaßen einzelne hellenistische Städte im Osten, wie zum Beispiel Antiochia am Orontes oder Nikaia in Bithynien, Flächen von über 10 000 km².

Als Grundformen des Städtewesens der Kaiserzeit gelten *civitas* und *Polis*. Gleichzeitig wird zwischen den peregrinen (fremden) und den eng an Rom angelehnten römischen Stadtformen (*municipium* oder *colonia*) unterschieden. Bei dieser üblichen Schematisierung gilt es jedoch zu beachten, daß zahlreiche Einzelheiten des Städtewesens (Chronologie, Unterschiede innerhalb der einzelnen Kategorien, Probleme der Höherstufung) noch immer umstritten sind. Zudem wäre es falsch, von einem statischen Befund auszugehen. Vor allem in und nach Bürgerkriegsphasen kam es häufig zum Verlust von Privilegien oder zu Höherstufungen in eine begünstigtere Rechtsform. Die Anbindung der Städte an Willen oder Gunst des Princeps blieb stets sehr eng.

Unter den peregrinen Städten überwog im ganzen Westen die Form der *civitas*. Der Begriff bezeichnete ursprünglich eine meist kleinere agrarische Bürgergemeinschaft mit eigenständiger, rudimentärer Organisation und einem kleinstädtischen zentralen Ort als Mittelpunkt. Innerhalb dieser Gruppe bestand seit der Zeit der Republik eine tiefgreifende, auch noch in der Kaiserzeit beibehaltene rechtliche Differenzierung: Die Stellung der (abgabenpflichtigen) *civitas stipendiaria* war dabei der Normalfall für eine einst von Rom unterworfene Stadt. Jeweils historisch bedingt wurde bei den privilegierten Städten zwischen der freien (*civitas libera*) und der verbündeten (*civitas foederata*) Stadt unterschieden. Die Relation zwischen diesen Formen zeigte erhebliche Diskrepanzen: So gab es zum Beispiel im 1. Jahrhundert n. Chr. in der *Baetica* (Südspanien) insgesamt 129 peregrine Städte, von denen nur 6 den Status einer *civitas libera*, nur 3 jenen einer *civitas foederata* besaßen.

Im gesamten Osten war dagegen die Form der alten griechischen *Polis* vorherrschend, die traditionelle, selbständige griechische Siedlungseinheit mit zum Teil nur geringer Einwohnerschaft, eine Welt von Hunderten von Kleinstädten wiederum verschiedenster Rechtsstellung. Aus der *Beschreibung Griechenlands* des *Pausanias* geht hervor, daß noch im 2. Jahrhundert n. Chr. von einer „Polis" erwartet wurde, daß sie neben Stadtmauer und Tempel auch über einen Markt, ein Amtsgebäude, ein Gymnasion und eine gesicherte Wasserversorgung verfügte.

Eine Zwischenstellung zwischen den peregrinen und den genuin römischen Stadtrechten nahmen die *Municipien und Kolonien latinischen Rechts* ein. Einst waren diese, durch Sonderrechte begünstigten Formen den latinischen Nachbarstädten Roms vorbehalten, später wurde die geographische Fixierung aufgegeben, unter Hadrian noch die weitere, privilegierte Form des *ius Latium maius* geschaffen. Bei Städten dieser Kategorie erhielten sämtliche Angehörigen des jeweiligen Stadtrates automatisch das römische Bürgerrecht, in den übrigen Fällen nur die leitenden Magistrate. Durch die großenteils inschriftlich überlieferten Stadtrechte (*leges*) von Salpensa, Malaca und Irni in der *Baetica* sind die Einzelheiten der inneren Organisation der Municipien latinischen Rechts zumindest für die Epoche der Flavier näher bekannt.

Sowohl im Falle des *municipium civium Romanorum* als auch in jenem der *colonia civium Romanorum* waren die Städte personal wie juristisch eng mit Rom verbunden. Voraussetzung für die Anerkennung als *municipium civium Romanorum* war die dauernde Anwesenheit einer größeren Zahl römischer Bürger in der betreffenden Siedlung, die auf der Grundlage eines wiederum fixierten Stadtrechtes durch Selbstverwaltungsrechte ausgezeichnet wurde.

Durch die Anerkennung als *colonia civium Romanorum* hatte eine Stadt die höchste rechtliche Kategorie erreicht. Anfangs handelte es sich hierbei um geschlossene Siedlungseinheiten römischer Vollbürger, für deren Anlage ebenso politische wie militärische oder soziale Zielsetzungen bestimmend waren (Versorgung freier Kleinbauernsöhne, später von Veteranen und politischen Anhängern). Unter Sulla, Pompeius, Caesar und Augustus wurde die Gründung von Kolonien besonders forciert, jedoch bis zu Traian in geringerer Zahl fortgesetzt. Die Zahl der neuangesiedelten Kolonisten schwankte zwischen einigen Hundert und einigen Tausend. – Seit Claudius wurde der Rang einer *colonia* daneben auch titular verliehen, ohne daß eine Neuansiedlung von Kolonisten stattgefunden hätte.

Eine Sonderstellung nahmen im Siedlungswesen schließlich die *canabae* ein, die gelegentlich einige Tausend Menschen umfassenden Agglomerationen vielfältigster Dienstleistungen, die sich neben den großen Legionslagern entwickelten. Da diese Ansammlungen zunächst nur kurzfristig, vielfach mobil orientiert waren, sich dann jedoch in jeder Hinsicht verfestigten und ausgebaut wurden, ist die stadtrechtliche Konsequenz aus diesem Prozeß, wenn überhaupt, erst spät gezogen worden. Der bleibende Kontrast zwischen funktionaler und stadtrechtlicher Bedeutung wird dabei ebenso deutlich wie in vielen Städten der Provinzen. So wurden weder *Londinium* (London) noch *Mogontiacum* (Mainz) zur Kolonie erhoben.

Wie schon erwähnt, wies die Städtedichte beträchtliche Unterschiede auf: Die Gesamtzahl der Städte des Imperiums wird, je nach den berücksichtigten Kriterien, auf zwischen 1000 und 2000 Einheiten geschätzt. Davon bildeten die über 600 Municipien und Kolonien den eigentlichen Kern. Während für die Provinz *Asia* mit insgesamt 282 *civitates* gerechnet wird, werden für Makedonien etwa 150, für den weiteren Donauraum von Raetien bis nach Dakien etwa 60, für Thrakien lediglich 23 solcher Einheiten gezählt – um nur wenige repräsentative Zahlen zu nennen.

Ein ähnlich buntes Bild bietet sich bei den Einwohnerzahlen. Eine Bevölkerung von über 100 000 Einwohnern wiesen neben Rom nur noch Alexandria, Antiochia und Karthago auf, über 50 000 werden für Lyon, Trier, Gades sowie für mehrere Städte an der Westküste Kleinasiens angenommen. Zu den zahlreichen Einheiten mittlerer Größe (mit zwischen 15 000 und 50 000 Einwohnern) zählen so verschiedene Städte wie Ostia, Narbonne, London, aber auch Sabratha. Die Mehrzahl bildeten freilich die Kleinstädte mit zwischen 2000 und 15 000 Einwohnern, Kleinstädte, die indessen – wie zum Beispiel Pompeji – eine sehr hohe Lebensqualität aufwiesen.

Nicht selten führten das Streben nach höherer Lebensqualität, der Wettstreit benachbarter Städte um Ansehen und Glanz, die Forcierung städtischer Bauten, wie Tempel, Tore, Foren, Gymnasien, Hallen, Bäder, Theater, Wasserleitungen und anderer monumentaler Anlagen mehr, auch die Beschaffung wertvoller Kunstwerke, zu finanziellen Überforderungen und Krisen. Daraus – und nicht aus einer Ausweitung der Kompetenzen der zentralen Administration – ergaben sich die Eingriffe der Principes. Seit dem 2. Jahrhundert n. Chr. begegnen, besonders in Italien, den Provinzen *Asia* und *Africa*, ihre Sonderbeauftragten, *curatores*, in der Mehrzahl Senatoren, welche die finanzielle Lage einzelner Städte zu überprüfen hatten. Im Osten sind seit Traian daneben auch *correctores* bezeugt, Prätorier und Konsulare, die für eine größere Zahl von Städten, zum Beispiel für alle freien Städte einer Provinz, im finanziellen Sektor Inspektionsrechte besaßen.

Versucht man, Bürgerrechtspolitik und Urbanisierung zusammen zu sehen, so zeigen sich schubartige Veränderungen wie langfristig verlaufende Prozesse. Sowohl im Hinblick auf die Rechtsstellung des Einzelnen als auch auf die Positionen der Städte im Rahmen des Gesamtverbandes ergab sich eine erfolgreiche Koordination verschiedenartiger und -wertiger Glieder. Die Gesamtentwicklung wurde dabei von den Principes gesteuert und überwacht. Lösungen wie Herrschaftsstil garantierten dabei ein Höchstmaß von Aufstiegs- und Entfaltungsmöglichkeiten, andererseits ein Maximum an Selbstverwaltungskompetenzen. Die Vielfalt wurde bewußt erhalten, Nivellierung vermieden. Die Impulse zur Integration und Akkulturation sind nicht oktroyiert, sondern zwar von der zentralen Administration begünstigt und gefördert, doch zu einem gut Teil auch von Einzelnen wie Städten gewollt und getragen worden.

## VII. Wirtschaft

Für die römische Kaiserzeit muß davon ausgegangen werden, daß das Imperium Romanum primär aus sehr verschiedenartigen Wirtschaftslandschaften bestand, deren strukturelle Eigenart zunächst nicht grundsätzlich verändert worden war. Bis zum Beginn der Spätantike ist der Verband niemals als Ganzes im Sinne moderner Planwirtschaft systematisch organisiert worden. Die römischen Principes betrieben grundsätzlich keine kohärente und langfristige Wirtschaftspolitik. Sie erfüllten zwar ihre elementaren Aufgaben: die Versorgung der Stadt Rom und des Heeres, die Sicherung der Transportwege und Märkte, die Stabilität des Währungssystems. Doch direkt griffen sie in den ökonomischen Bereich nur in seltenen Krisenfällen ein, so Tiberius bei einem geldwirtschaftlichen Engpaß, Domitian, Nerva und Traian zugunsten der italischen Landwirtschaft, Hadrian zur Garantie der Ölversorgung Attikas.

Als sehr viel bedeutsamer erwiesen sich die indirekten Auswirkungen der neuen politischen Formation: die Schaffung neuer Absatzmärkte in den Grenzprovinzen des Reiches durch die peripheren Truppenkonzentrationen, die bald auch Produktionsstätten an sich zogen, der Ausbau der Infrastruktur durch die Anlage der großen Fernstraßen, die Erweiterung der Seehäfen und die Intensivierung der Transporte auf den großen Flüssen, die Verbesserung der Wasserversorgung in den nordafrikanischen Randgebieten, die zur Erweiterung der Anbauflächen führte, vor allem aber die Koordination der verschiedenen Währungssektoren.

Bei all dem ist gleichwohl nicht zu übersehen, daß die ökonomischen Initiativen und Aktivitäten der Städte häufig genug und auf Dauer die wirtschaftlichen Entwicklungen im lokalen und regionalen Bereich stärker beeinflußten als jene der Principes. Die Städte verfügten über ihre eigenen Ländereien und Werkstätten, die verpachtet wurden; sie nahmen Einfluß auf das Bankwesen, erlaubten verschiedentlich die Nutzung von unbebautem Land unter der Voraussetzung, daß Reben oder Obstbäume angepflanzt wurden.

Für die Strukturprinzipien des Imperiums ist es typisch, daß der wesentlich ausgeweitete geldwirtschaftliche Bereich durch die Koordination verschiedener Währungselemente bestimmt wurde, durch die Koordination von Reichs-, Provinzial- und Stadtprägungen. Von dieser Trias war die *Reichsprägung,* die auf dem alten republikanischen Geldsystem Roms aufbaute und nun im gesamten Mittelmeerraum akzeptiert wurde, am wichtigsten.

Als Relationen der frühen und hohen Kaiserzeit galten dabei:

1 Aureus = 25 Denare,
    1 Denar = 4 Sesterze (HS),
        1 Sesterz = 2 Dupondien,
            1 Dupondius = 2 Asse,
                1 As = 4 Quadranten.

In der augusteischen Epoche betrug das abgerundete Normal-gewicht des Aureus etwa 8 g Gold, jenes des Denars 4 g Silber, das eines Sesterz 27 g Messing, dasjenige des Dupondius 13 g Messing, eines As 11 g Kupfer. Doch sowohl im Gewicht als auch im Feingehalt sanken die Werte der Nominale im Laufe der Zeit durch Manipulationen und Inflation rapide ab. Ein neronischer Denar wog noch etwa 3,4 g, der Feingehalt dieser Sorte betrug unter den Severern lediglich noch etwa 50%. Im dritten Jahrhundert n. Chr. trat an die Stelle des Denars als wichtigste Einheit der Antoninian. Der Silbergehalt dieser etwa 5 g schweren Massenprägung belief sich zunächst noch auf rund 40%; ein halbes Jahrhundert später erreichte er gerade noch 2%.

Die Münzen der Reichsprägung sind zwar großenteils in Rom hergestellt worden, doch gewann daneben die dezentrali-sierte Produktion, die an die Feldherrnprägungen der späten Republik anknüpfte, immer größere Bedeutung. Die für das gesamte Imperium erforderlichen Geldquantitäten erklären es, daß neben der Reichsprägung vor allem im Osten und im Donauraum primär für den regionalen Bedarf sogenannte *Pro-vinzialprägungen* hergestellt wurden, insbesondere in Alex-andria, Antiochia, Caesarea in Kappadokien, selbst in Dakien und Moesien. Dazu trat, wiederum im Osten, eine Vielzahl von *Stadtprägungen* der kleineren Nominale für den Alltags-verkehr. Zwischen 150 und 250 n. Chr. sind allein in Klein-asien über 350 lokale Prägungen bekannt, die freilich häufig untereinander verbunden waren.

Um dieses offizielle, dreigliedrige System schloß sich dann noch ein Ring sogenannter *Barbarisierungen* an, eine große Zahl von Nachprägungen römischer Münztypen, die nicht nur in den Grenzbereichen und im Vorfeld des Imperiums kursier-ten, sondern auch in römischen Lagern und Siedlungen gefun-

den wurden. Im Prinzip handelt es sich hier um dasselbe Phänomen, das zuvor besonders im keltischen Bereich zu beobachten war, ein Phänomen, das freilich insgesamt noch weiterer Klärung bedarf.

Dasselbe gilt, angesichts der großen regionalen und zeitli-
chen Unterschiede, für alle Versuche, die *Kaufkraft* der einzelnen Geldsorten zu ermitteln oder gar allgemeine Umrechnun-
gen in moderne Währungen zu wagen. Konkrete Vorstellungen
geben hier – neben den erwähnten Soldhöhen – lediglich punk-
tuelle Angaben, so zum Beispiel aus Pompeji. Dort wird der
Tageslohn eines Arbeiters, wohl bei freier Verpflegung, auf
etwa 1 Denar geschätzt, der tägliche Lebensunterhalt einer
Person auf etwa 8 Asse. Die meisten Geldbeutel der bei dem
Vulkanausbruch von 79 n. Chr. getöteten Menschen enthielten
im Durchschnitt Münzen im Gesamtwert bis zu 30 Sesterzen.

Auch in der Kaiserzeit blieb die *Landwirtschaft* der wichtigste Wirtschaftssektor. Insgesamt gesehen konnte sich das freie
Kleinbauerntum, das lediglich für den eigenen Bedarf und
allenfalls für lokale Märkte produzierte, in manchen Gegen-
den – wenn auch unter großen Schwierigkeiten – behaupten.
Da die Landzuweisungen an die Veteranen einst, je nach der
Bodenqualität, zwischen 10 und 15 *iugera* (2,5–3,75 ha)
betrugen, dürften diese Zahlen auch der durchschnittlichen
Betriebsgröße jener kleinen Einheiten der Subsistenzwirtschaft
entsprechen.

Daneben hatte schon seit der späten Republik der Typus der
*Villenwirtschaft* mit einem geschätzten durchschnittlichen
Umfang von etwa 250 ha immer größere Bedeutung erlangt.
Dazu kam es deswegen, weil die Angehörigen der Führungsschicht ihren Reichtum primär in Grundbesitz anlegten, dessen
Profitraten bei intensiver Nutzung zwischen 5 und 10% lagen.
Um die Risiken zu streuen, aber auch aus anderen Gründen
war es dabei für die reichen Grundbesitzer üblich, nicht ein
geschlossenes Areal zu bewirtschaften, sondern mehrere Villen
im Umfeld von Rom sowie in anderen Regionen Italiens zu
erwerben. Es war für sie weiterhin üblich, einige Sommer-
monate auf diesen Villen zu verbringen. Repräsentations-

zwänge führten schon bald zu deren luxuriöser Ausstattung, dies erst recht, als sich dann in der Kaiserzeit die *Latifundienwirtschaft* verbreitete.

Unter *latifundium* im engeren Sinne werden Großgüter über 500 ha verstanden. Sie sind insbesondere für Italien, Nordafrika, Gallien, den Donauraum, aber auch für den Osten bezeugt, dabei stets eng mit der Institution des *Kolonats,* der freien Kleinpacht, verbunden. Eine größere Anzahl von Latifundien befand sich in kaiserlichem Besitz, doch existierten daneben auch nicht wenige private Großgüter dieses Typs. Wie der ältere Plinius in seiner *Naturalis historia* (18,35) behauptet, besaßen zur Zeit Neros sechs Großgrundbesitzer die Hälfte der Provinz *Africa*. An derselben Stelle spricht Plinius auch sein berühmtes Verdikt aus, daß die Latifundien Italien bereits ruiniert hätten und auch die Provinzen ruinieren würden. Ähnliche rhetorische Kritik findet sich bei Seneca.

Entstehung und Verbreitung dieser Großgüter sind eine Folge verschiedener Faktoren. Dazu zählen auf der einen Seite die Vermögenskonzentration, auf der anderen Zwang und Bereitschaft des Kleinbauerntums und neu angesiedelter Veteranen zum Verkauf ihrer wenig profitablen Landflächen, endlich auch der Mangel an geeigneten und billigen Arbeitskräften. Nicht zu übersehen sind die Veränderungen in den Märkten, die sich aus den Getreide-Exportüberschüssen Ägyptens, Nordafrikas und Spaniens ergaben, sowie die Ausweitung von Viehzucht und Weidewirtschaft in Italien. Im übrigen waren die Grundprobleme der Arbeitsorganisation bei Villen und Latifundien identisch; Sklaven und Kolonen wurden jeweils nach rationalen Gesichtspunkten eingesetzt. Columellas Erörterungen wie die Briefe des jüngeren Plinius zeigen die Schwierigkeiten, vor denen die Großgrundbesitzer dabei standen.

Größere Inschriften aus Nordafrika überliefern die Einzelheiten des *Kolonats*systems zumindest für die Großgüter des Princeps in jenem Raum. Danach waren ein kaiserlicher Prokurator für den Gesamtbereich (*tractus*) verantwortlich, die einzelnen Güter (*saltus*) an Unternehmer (*conductores*) verpachtet. Diese wiederum setzten Verwalter (*vilici*) ein und vergaben die einzelnen Parzellen an Kleinpächter (*coloni*). Die Pachtzeit betrug in der Regel fünf Jahre, die jährlichen Leistungen und Abgaben waren genau fixiert. So hatte eine *lex Manciana* eine Abgabenhöhe von einem Drittel der Ernte festgelegt; dazuhin mußten jährlich dreimal je drei Tage Arbeitsleistungen erbracht werden.

Pauschalurteile über die Arbeitswelt der Villen und Latifundien wie über den Kolonat werden stets schwierig bleiben. Die Realität wurde jeweils durch die betreffenden Personen bestimmt; die Äußerungen der Sklaven und Kolonen aber sind verhallt. Die Meinungen der Angehörigen der Führungsschicht und die juristischen Texte aber spiegeln nicht das ganze Bild. Wie die archäologischen Überreste der Wohnkomplexe der Eigentümer in Gallien wie an Rhein und Mosel, in Italien wie in Nordafrika beweisen, wurde die Kluft in Lebensform und -qualität zwischen den Familien der Großgrundbesitzer und jenen der Sklaven und Kolonen jedoch immer tiefer.

Im Bereich des *Gewerbes* haben sich die Produktionsformen in der Kaiserzeit nur wenig verändert, die Spezialisierung schritt fort. In einzelnen Sektoren, so zum Beispiel in der Keramikherstellung, verlagerten sich die großen Produktionszentren und rückten näher an die Absatzgebiete heran. Kernzellen des Handwerks waren nach wie vor die *Tabernae,* Kleinwerkstätten und oft Familienbetriebe, die eng mit einem bescheidenen Verkaufsladen sowie mit den Wohnräumen des Eigentümers verbunden blieben. Unter der persönlichen Aufsicht des Besitzers arbeiteten hier nur wenige Personen zusammen, Sklaven, Freigelassene und Freie Seite an Seite. Die Produktion war dabei im Handwerk so weit aufgefächert, daß zum Beispiel für Pompeji über 80 verschiedene Gewerbe bezeugt sind.

Eine Ausweitung der Produktion in mittelgroße Betriebe erfolgte nur dort, wo einerseits eine langfristige und starke Nachfrage bestand und andererseits über das notwendige Kapital verfügt werden konnte. Ein klassisches Beispiel für die wirtschaftliche Entwicklung stellt die besonders intensiv erforschte Feinkeramik(*Sigillata*)-Produktion von Arezzo dar. Dort produzierten mehr als 90 Werkstätten, doch selbst zur Zeit der Hochkonjunktur zu Beginn des 1. Jahrhunderts n. Chr. dominierten mittelgroße Betriebe mit allenfalls einigen Dutzend Arbeitern. Es wird angenommen, daß etwa 1/6 von ihnen Freigelassene gewesen sind; auch Frauen waren hier tätig. Die Tagesproduktion eines Töpfers, der häufig seine Gefäße auch signierte, wird auf etwa 35 Schüsseln geschätzt.

Im Bereich des *Handels* sind für die Kaiserzeit, je nach Radien und Volumen, denkbar große Gegensätze charakteristisch. Dabei besteht die Gefahr, den Alltagshandel der lokalen Märkte wegen der geringen Kaufkraft vor allem der ländlichen Bevölkerung zu unterschätzen. Immerhin handelte es sich bei der Ausrichtung der Markttage um ein wichtiges Privileg, das die lokalen Termine zugleich koordinierte. Während es für Italien vom Senat gewährt wurde, war in den Provinzen der Prokonsul dafür zuständig. Daß Dörfer wie Gutsbesitzer danach strebten, läßt seine Bedeutung erkennen. Jedenfalls wurde ein gut Teil des Massenbedarfs auf diesen lokalen Märkten gedeckt, die freilich nur in den Städten ihre Spuren hinterlassen haben.

Anders steht es um die Handelsbeziehungen und -strukturen innerhalb des Imperiums, die sich zum großen Teil in den Massentransporten von Getreide, Öl, Wein, Fischsauce (*garum*) und vielen anderen Spezialprodukten der einzelnen Wirtschaftsregionen vor allem nach Rom und in die übrigen Großstädte, aber auch in die Legionslager niederschlugen.

So setzt sich der römische *Monte Testaccio* aus den Bruchstücken von über 50 Millionen Amphoren zusammen, von denen die meisten Öl aus der *Baetica* in die Hauptstadt transportiert hatten. Die Aufschriften der Amphoren des besonders intensiv erforschten Legionslagers von *Vindonissa* (Augst) in der Schweiz belegen, daß dorthin Wein aus Messina, Sorrent, Südspanien und Südfrankreich gelangt war, Salzlake und Fischsauce aus Spanien, Küchengewächse, Bohnen, Oliven und Makrelen von weither, selbst Austern von der Nordseeküste.

Noch spektakulärer entfaltete sich der kaiserzeitliche Fernhandel, dessen Radius sich bis zur Westküste Indiens erstreckte. Der Umfang der Transporte und der Wert der Waren, die auf der „Seidenstraße", der „Weihrauchstraße" und der „Bernsteinstraße" importiert und im Gegenzug exportiert wurden, läßt sich kaum ahnen. Noch größeres Aufsehen erregte der von *Myos Hormos* am Roten Meer ausgehende Seehandel zur Westküste Indiens, ein Handel, der ebenso große Risiken wie Gewinnspannen bot. Im *Periplus des Roten Meeres* (49,56) sind die wichtigsten Güter, um die es dabei ging, aufgeführt.

Angesichts dieser Gesamtlage kam Straßen und Häfen besondere Bedeutung zu. Der systematische Ausbau des Fernstraßennetzes (der *viae publicae*), das halb Europa ebenso überzog wie die Küsten des südlichen und östlichen Mittelmeerraumes, ist eine der großen logistischen Leistungen des Imperiums gewesen. Nach dem *Itinerarium Antonini Augusti,* einer Fernstraßenkarte aus der Zeit Caracallas, erstreckte sich dieses Netz über insgesamt rund 53000 Meilen (1 Meile entsprach 1,48 km). Dabei wurden zum Teil schwierigste Straßenbaumaßnahmen gemeistert. Wie an den modernen Fernverkehrsstraßen, so entstanden auch hier längs der Strecken ganze Ketten von Straßen- und Polizeistationen, Herbergen, Schenken, Ställen, selbst kleinere und schließlich auch größere Siedlungen.

Auch der Ausbau der großen Häfen, wie Puteoli, Brindisi, Alexandria und Karthago sowie manch anderer mehr, war eine Folge des gestiegenen Handels- und Verkehrsvolumens. Die Schlüsselstellung für Rom selbst nahm dabei der nördlich der Stadt *Ostia* gelegene Großhafen ein, mit dessen Ausbau schon Claudius begonnen hatte. Unter Traian ist er durch ein neues sechseckiges Hafenbassin mit jeweils 360 m Seitenlänge erweitert worden. Große Magazine, prächtig geschmückte Häuser der Korporationen, zahlreiche repräsentative Bauten und Anlagen sowie die bis zu 5 Stockwerke hohen Wohnhäuser prägten das Bild dieser lebendigen Hafenstadt, die schließlich etwa 50000 Einwohner zählte.

Die weitere Entwicklung führte gleichzeitig zu Wachstum und Differenzierung des Transportgewerbes, das bald zu einem neuralgischen Glied des gesamten Wirtschaftslebens wurde und deshalb auch schon früh staatliche Eingriffe erfuhr. Am angesehensten waren hier die Schiffseigentümer für den Seehandel (*navicularii*), deren Schiffe täglich rund 50 km zurücklegen und Waren im Gewicht von bis zu 200 Tonnen transportieren konnten. (Die vor den Küsten der Provence geborgenen Wracks hatten einst bis zu 10 000 Amphoren geladen. Ihre Weine stammten aus Etrurien, Latium und Kampanien.)

Kaum zu überschätzen ist die Bedeutung des Flußtransports der Binnenschiffer (*nautae*). Die rund 10 m langen Fahrzeuge beförderten Waren im Gewicht bis zu 30, in einzelnen Fällen selbst bis zu 70 Tonnen. Der Flußtransport erwies sich, wo immer möglich, als wesentlich günstiger als der Landtransport, da die *muliones,* die Ochsen- und Maultiertreiber, auf ihren einfachen Karren bei einer Tagesleistung von rund 20 km lediglich Güter im Gewicht von 5 bis 6 Zentnern beförderten.

Mit dem Transportgewerbe war der Handel der *negotiatores* eng verbunden. Wie die Inschriften dokumentieren, kam es

Sesterz, Messing, Münzstätte Rom, 64–68 n. Chr.
Rs.: Hafen von Ostia mit Leuchtturm und Neptunsstatue; unten Flußgott Tiber mit Ruder und Delphin, Schiffe, Hafenmole. POR(tus) OST(iensis) AUGUSTI (aus: Kent, a. O., Tafel 50, Nr. 193.)

auch hier zu einer vielfältigen Spezialisierung, sei es nach den hauptsächlichen Warengattungen (Keramik-, Wein-, Ölhändler, Händler in Silberwaren), sei es nach den Tätigkeitsfeldern (zum Beispiel *negotiator Cisalpinus et Transalpinus, Britannicianus, Daciscus*).

## VIII. Kultur und Wissenschaft

Im Bereich der *lateinischen Literatur* gilt die Zeit zwischen dem Tode des Augustus und der Mitte des 3. Jahrhunderts n. Chr. als die Epoche der „Nachklassik" oder der „silbernen Latinität". Die Autoren orientieren sich jetzt weniger an den griechischen Vorbildern, sondern insbesondere an den bereits als klassisch bewerteten Leistungen der augusteischen Epoche. Der Ausweitung des Sprachgebiets und der Profilierung neuer Literaturprovinzen in Spanien und Nordafrika entspricht die Vielfalt der Formen und Stile.

Klassizistische Bestrebungen stehen neben manieristischen, subjektivistische Tendenzen neben rhetorisierenden, der Einsatz denkbar starker Effekte neben dem Ziel der Variation, der „Buntschriftstellerei". Das Genos praxisbezogener Fachliteratur gewinnt ebenso an Bedeutung wie jenes der Unterhaltungsliteratur. Auch in stilistischer Hinsicht herrscht alles andere als Einheit: Fordert Quintilian in seinem Werk über die Redekunst die Abwendung vom pathetischen Stil Senecas und die erneute Orientierung am klassischen Vorbild Ciceros, so folgt Fronto, der Lehrer Mark Aurels, wieder archaisierenden Mustern.

Die Auseinandersetzung mit der inzwischen etablierten Staatsform des Principats und Zeitkritik bestimmen die verschiedensten Werkgattungen, selbst die Poesie. Es kam dabei zu engen, teilweise geradezu servilen Bindungen an einzelne Herrscher, wie bei dem Epiker Statius, dem Epigrammatiker Martial, dem Panegyriker Plinius dem Jüngeren. Es kam freilich auch zu entschiedener Opposition, wie im Epos *Pharsalia* des Lukan, der dort eine Apotheose Catos wagte. Es kam schließlich zur Zeitkritik der Satiriker Persius und Juvenal, zur Distanz in Petrons Freigelassenenroman *Satyrica*, wohl dem ältesten lateinischen Roman überhaupt.

Lucius Annaeus *Seneca*, der Sohn des gleichnamigen Rhetors, ist zu Recht als „Archeget seines Zeitalters" (M. Fuhrmann), das heißt der claudisch-neronischen Epoche, bezeichnet worden. In seinem vielfältigen Œuvre, das philosophische Dialoge und Briefe ebenso umfaßte wie auf stärkste, grausame Effekte bedachte Tragödien, standen Probleme der Ethik im Mittelpunkt, das Streben nach souveräner, innerer Unabhängigkeit. So beeindruckend viele seiner Überzeugungen noch heute sind, so seine humane Lehre und sein Kosmopolitismus, der Erzieher und Berater Neros, kurze Zeit maßgebender Repräsentant des Systems, bleibt eine zwiespältige Persönlichkeit. Zusammen mit Lukan, Pomponius Mela, Quintilian und Martial verkörpert er die lateinische Literaturprovinz Spaniens.

Neben den schon berührten poetischen Kleinformen erlebte das Epos zur Zeit der Flavier eine neue Blüte, in einer Reaktion auf Lukans Werk allerdings ohne zeitgenössischen politischen Bezug. Die Stoffe waren entweder der Geschichte entnommen, wie in Silius Italicus' *Punica*, die den 2. Punischen Krieg darstellten, oder dem Mythos, wie bei Statius, dessen *Thebais* den Zug der Sieben gegen Theben, dessen *Achilleis* Achills Erlebnisse bis zum Ausbruch des Trojanischen Krieges behandelten, während Valerius Flaccus' *Argonautica* die Argonautenfahrt beschrieben.

Seite an Seite damit entwickelte sich eine praktischen Zwecken dienende Fachliteratur. Die *Naturalis historia* des älteren Plinius, ein enzyklopädischer naturwissenschaftlicher Wissensspeicher, ist hier ebenso hervorzuheben wie die Monographien Frontins über die Feldvermessung, die Kriegslisten und die Wasserversorgung der Stadt Rom, die der *curator aquarum* Nervas mit höchster Kompetenz beschrieb.

Als besonders vielfältig und zeittypisch sowohl in Form, Thematik, Gehalt und Wertung erweist sich die Historiographie der Epoche. Erzielte eine *exempla*-Sammlung des Valerius Maximus für die rhetorische Praxis eine starke Resonanz, so nicht weniger die Geschichte Alexanders des Großen des Curtius Rufus, eine wesentlich geringere dagegen die *Historia Romana* des Velleius Paterculus, deren zeitgeschichtliche Partie ganz im Banne des Tiberius stand. Im 2. Jahrhundert n. Chr. trat dazu noch die *Epitome* des Florus, eine Kriegsgeschichte des römischen Volkes.

Zum Höhepunkt der traditionellen annalistischen Geschichtsschreibung, die nach der Zeiteinheit des Amtsjahres der Magistrate strukturiert war, und gleichzeitig zum Höhepunkt der lateinischen Geschichtsschreibung überhaupt sollten die großen, nicht vollständig überlieferten Werke des Senators *Tacitus* werden, die *Historiae,* die vom Vierkaiserjahr bis zum Ende der Flavier führten, und die *Annales,* die den Zeitraum vom Tode des Augustus bis zum Jahre 66 n. Chr. behandelten. Vorangegangen waren drei kleinere Werke, die Biographie von Tacitus' Schwiegervater *Agricola,* die *Germania* und der *Dialogus de oratoribus,* der den Verfall der Redekunst problematisierte. In ihnen allen ist die starke historische Perspektive nicht zu übersehen.

Vor allem die Hauptwerke imponieren durch ihre ausgefeilte Kunstprosa wie durch ihr ungewöhnlich entwickeltes Zeitgefühl, durch die Erfassung der Phänomenologie des Principats wie der jeweiligen politischen Atmosphäre. Das Bewußtsein der Dialektik zwischen den Anforderungen und Konsequenzen des Principats einerseits und der Kontinuität traditioneller, republikanischer Adelsnormen andererseits prägt das Gesamtwerk, das zudem durch packende Darstellungen der Personen und des Geschehens seinen Glanz und seine besondere Dynamik erhielt.

Tacitus' Antipode ist *Sueton* mit seiner Sammlung von Kaiserbiographien, die sich von Caesar bis Domitian erstreckte, Biographien, welche nicht nur Herkunft und Werdegang der einzelnen Principes, nicht nur deren politische und militärische Leistungen darstellten, sondern auch Gerüchte, Liebhabereien, physische und moralische Defekte überlieferten. Wie immer der wissenschaftliche Wert der einzelnen Biographien veranschlagt wird, das Buch machte Schule: Marius Maximus, die *Scriptores Historiae Augustae,* Aurelius Victor folgten Suetons Methode nicht weniger als Einhard in seiner Biographie Karls des Großen.

Wie Sueton, so stammt auch der bereits erwähnte Rhetor Fronto aus Nordafrika, ein Autor, von dem sich lediglich Teile seines umfangreichen Briefwechsels erhalten haben, auch der schon genannte Historiker Florus. Der wichtigste nordafrikanische Schriftsteller der Zeit aber ist *Apuleius,* dessen Verwandlungsroman *Metamorphosen* oder *Der Goldene Esel* die erzählerischen Elemente mit Einlagen, so der Geschichte von Amor und Psyche, sowie religiösen und magischen Informationen verbindet. Auch seine Verteidigungsrede *pro se de magia* wie die kleineren philosophischen Schriften zeigen die Vielseitigkeit sowie die rhetorische und stilistische Kunst des Verfassers. Frontos Schüler, der wohl aus Rom stammende Aulus Gellius, der ebenfalls den Archaismus vertrat, fügte in seinen *Noctes Atticae* Bildungselemente verschiedenster Thematik und Provenienz zu einem bunten und anregenden Mosaik antiquarischer Miszellen zusammen.

Ein ähnlich komplexes Gesamtbild wie die in lateinischer bietet auch die *in griechischer Sprache publizierte Literatur,* die ebenfalls eine ganze Reihe von bedeutenden Individualleistungen aufweist. Bemerkenswert ist dabei die Tatsache, daß die Herrschaft Roms weithin akzeptiert wurde. Dies gilt im besonders gepflegten Bereich der Rhetorik für Dion Chrysostomos, den realistischen Befürworter des Adoptivkaisertums, der zugleich in seinem *Euboikos* das einfache Leben rühmte, es gilt für Vertreter der Zweiten Sophistik wie Herodes Atticus und Aelius Aristides, den Verfasser eines berühmten Panegyricus auf Rom. Der Vorrang der Form ist bei der Gruppe der „Konzertredner" typisch. Ein wesentlich höheres Niveau erreichte daneben die Vermittlung der stoischen Philosophie durch so völlig verschiedenartige Gestalten wie den ehemaligen Sklaven Epiktet und den Kaiser Mark Aurel.

Allein, die zeitgenössische griechische Philosophie gab nicht nur Gesellschaft und Staat stabilisierende Impulse. Die Kyniker, die Straßenphilosophen und die teilweise skurrilen Gestalten der Wanderprediger vermittelten weithin destruktive, zumindest zeitkritische Lehren. Sie trugen wesentlich zur Vermittlung subjektiver Lebensformen und Wertungen bei, vielfach gewiß auch zur „Apolitie". Weithin destruktiv wirkte daneben auch der große Spötter und satirische Kritiker *Lukian* von Samosata, der die Rhetorik und Philosophie seiner Zeitgenossen ebenso vehement und ätzend attackierte wie die Welt der Mythologie.

Sehr viel breiteren Einfluß sollte freilich der Philosophieschriftsteller *Plutarch* erzielen, der lange Zeit dem delphischen Apollon als Priester diente. Trotz seiner großen Reisen war er tief in seiner böotischen Heimat verwurzelt, trotz seiner illusionslosen Beurteilung der römischen Herrschaft sprach er sich dennoch für deren Hinnahme aus.

Neben zahlreichen, vor allem ethisch-moralischen Schriften, den *Moralia,* behandelte er auch viele andere Wissensgebiete. Die denkbar größte Resonanz aber fanden seine *Parallelbiographien,* die an den Beispielen miteinander verbundener Griechen und Römer die Gemeinsamkeiten in den beiden Traditionslinien beleuchteten, zugleich jedoch auch den hohen, teilweise überlegenen Rang des Griechentums in Erinnerung riefen. Jahrhunderte hindurch wurde das europäische Bild der Antike durch diese umfangreiche Sammlung mitbestimmt.

In eine ähnliche Richtung wie Plutarchs Biographien zielt auf einem ganz anderen Felde *Pausanias'* um 180 n. Chr. vollendete *Beschreibung Griechenlands,* die weit mehr darstellt als einen Reiseführer zu den Denkmälern von Hellas. Das Resultat der geographischen, topographischen, archäologischen und epigraphischen Studien dieses Autors ist vielmehr eingebettet in ein romantisch verklärtes Bild der griechischen Kultur und Geschichte.

Die griechische Historiographie erlangte im zweiten und in der ersten Hälfte des dritten Jahrhunderts n. Chr. einen neuen Höhepunkt; ihre Autoren waren häufig eng mit den römischen Principes und der Sache Roms verbunden. Die *Anabasis Alexandrou* des mit Hadrian befreundeten und in xenophontischem Stil schreibendem *Arrian* ist zu einer der wichtigsten Quellen der Alexandergeschichte geworden. Für die *Römische Geschichte* des *Appian* ist bereits das Strukturprinzip bezeichnend, das die Geschichte der einzelnen historischen Formationen und Kriegsschauplätze nach ihrem Eintritt in Roms Machtbereich anordnete. Auf Grund der Überlieferungslage kommt indessen auch Appians Darstellung der römischen Bürgerkriege besondere Bedeutung zu.

In der Epoche der Severer entstanden die Werke des *Cassius Dio* und *Herodians,* deren Quellenwert sehr verschieden, deren Kontrast bezeichnend ist. Dio erlangte im Jahre 229 n. Chr. unter Severus Alexander zum zweitenmal das Konsulat, eine Auszeichnung, die seine Vertrauensstellung beweist. Seine von Thukydides geprägte, durch zahlreiche programmatische Reden aufgelockerte Gesamtdarstellung der Römischen Geschichte, die einst bis in seine Gegenwart führte, ist zwar nur unvollständig überliefert, läßt indessen die staatskonforme Tendenz ebenso erkennen wie das Krisenbewußtsein des Autors ahnen.

*Herodian* gab dagegen eine *Geschichte des Kaisertums nach Markus,* die lediglich bis zu Gordian III. führte. Vor der Folie des idealisierten Mark Aurel versuchte der bildungsoptimistische Verfasser aufzuzeigen, daß Erziehung und Erfahrung den Bildungsprozeß und damit auch die sittliche Lebensweise eines Princeps formen und so dessen Eignung für sein Amt oder seine Wandlung zum Tyrannen präjudizieren. Auch bei Herodian wurde der Unterhaltungswert der Historie vielfach berücksichtigt; er schwelgt daneben geradezu in den zahlreichen eingelegten Reden.

Eine Sonderstellung nimmt schließlich der Pharisäer und erfolglose Verteidiger von Jotapata *Flavius Josephus* ein, der sich an die Flavier anschloß und in griechischer Übersetzung die Einzelheiten des *Jüdischen Krieges* und der *Jüdischen Altertümer* überliefern wollte. Er war gewiß ein Opportunist, doch auch ein bemühter Vermittler zwischen Jerusalem und Rom.

In den weit verbreiteten Objekten der römischen *Kunst,* die in Rom selbst, in Italien wie in den Provinzen, aber auch in so vielen Museen der Alten wie der Neuen Welt begegnen, ist das Imperium der Kaiserzeit in seiner ganzen Vielfalt von künstlerischen Formen und Stilrichtungen noch immer präsent. Noch immer beeindrucken die Monumente dieser Zivilisation, das einst 50000 Zuschauer fassende römische *Kolosseum* wie die über 20 m hohen Säulen des *Juppiter Heliopolitanus*-Tempels von Baalbek, die wuchtigen Nutzbauten der Aquädukte, Foren und Thermen, die luxuriös ausgestatteten Villen der Oberschicht mit ihren Gemälden und Mosaiken, die Legionen von Statuen und Denkmälern, die einmal die Plätze aller Städte des Imperiums füllten, die charakteristischen Porträts und Reliefs und schließlich die kaum zu überblickenden Galerien des Kunsthandwerks und der Kleinkunst aller Art.

Ob in der Gestalt von Reichs-, Provinzial- oder Volkskunst, ob in der vielfachen Aufnahme klassisch-griechischer oder hellenistischer Vorbilder oder in der Kontinuität jeweils regionaler, bodenständiger Traditionen, auch die Kunst des Imperiums beweist den Machtwillen des Principats nicht weniger als dessen Resonanz in den Städten sowie die Eigenart der Lebenswelten aller Schichten des großen Reiches. Auch hier gab es neben dominierenden Leitbildern eine Fülle gegenseitiger Berührungen, neben der Anpassung an wechselnde Stilrichtungen Raum für das individuelle Meisterwerk, das nicht allein aus modischen Kriterien zu erklären ist. Im Folgenden seien vor allem die für die römische Kunst besonders repräsentativen Bereiche der Architektur und der Plastik näher skizziert.

Die genuin römische Erfassung und Gestaltung des Raumes, welche auch die Blüte der Feldmeßkunst nach sich zog, schlug sich insbesondere in den Konzeptionen der großen *Architekturanlagen* nieder. Für sie sind die Abgrenzung nach außen, Axialsymmetrie sowie häufig die Frontalität der zu einem klaren Ensemble zusammengefaßten Einzelglieder typisch, auch das bewußte Streben nach Monumentalität und damit nach visueller Überwältigung des Betrachters.

Das 112 n. Chr. eingeweihte *Traiansforum* des Apollodoros von Damaskus, das einst ein Areal von 300 × 185 m einnahm, ist eines der beeindruckendsten Beispiele dieser Art. Wer es durch den Triumphbogen betrat, befand sich auf einem weiten, beiderseits durch Hallen abgeschlossenen Platz, in dessen Mitte sich das aus vergoldeter Bronze geschaffene Reiterstandbild Traians erhob. Über den Platz gelangte der Besucher zur weiten *Basilica Ulpia,* deren Dach aus Bronzeziegeln bestand. Eine griechische und eine lateinische Bibliothek umrahmten dann dahinter einen weiteren, kleineren Hof, den die rund 40 m hohe Traianssäule beherrschte. Der Gesamtkomplex ist schließlich durch einen Tempel für den *Divus Traianus* abgeschlossen worden, den Hadrian errichtete.

In seiner heutigen Gestalt ebenso aus hadrianischer Zeit stammt das römische *Pantheon,* „eine der größten Raumschöpfungen der Weltarchitektur" (G. Rodenwaldt). Dieser, in Gußmauerwerk mit Ziegelverkleidung errichtete Rundbau wird durch eine Kuppel mit einem Durchmesser von 43,3 m akzentuiert, in die Kassetten und eine Lichtöffnung eingefügt sind. Das mit buntem Marmor verkleidete Innere wies sieben Nischen auf; die Rotunde selbst war der größte Zentralbau des Altertums. Den Eingang des Bauwerkes bildete eine dreischiffige Tempelvorhalle, der acht monolithische Säulen vorgesetzt waren. Den bleibenden Eindruck der Anlage bestimmt eine Raumerfahrung, die ihresgleichen sucht.

Der Bedarf an *Plastiken* jeder Art war in der Kaiserzeit geradezu immens geworden, handelte es sich nun um Porträts und Statuen der Principes und ihres Hauses, die die Städte in Auftrag gaben, um ihre Loyalität und Verbundenheit zu bezeugen, um kaiserliche Selbstdarstellung und Repräsentation, um die Gestalten der Göttinnen und Götter oder um mythologische Szenen, an denen religiöse Verehrung und traditionelle Anschauung ansetzen konnten. Besonders weiten Raum nahmen hier seit Augustus die Staatsreliefs ein, die die *Ara Pacis* ebenso schmückten wie die Wände der Triumphbögen oder die langen Bänder der Kaisersäulen.

Doch auch im privaten Bereich wurde die Nachfrage nach plastischem Schmuck immer größer. Den Alltag bestimmten dabei nicht die seit Beginn des 2. Jahrhunderts n. Chr. künstlerisch oft vollendet ausgestalteten Sarkophage der römischen Führungsschicht mit ihren Darstellungen mythologischer Bilder, wirren Schlachtgedränges oder der Jahreszeiten. Ihn bestimmte vielmehr die Massenware der einfachen Grabsteine, die den verstorbenen Soldaten oder Bürger, nicht zuletzt den Freigelassenen, mit typischen Attributen abbildeten oder auch Totenmahlreliefs aufwiesen.

Den stärksten Kontrast zu dieser Welt der Mausoleen, Friedhöfe und Katakomben, in deren Ausschmückung und Gestaltung so auffallend starke Energien und Kosten investiert wurden, bilden die bunten Motive der pompejanischen *Malerei* wie die nicht nur in Italien, sondern auch in Syrien und Nordafrika in großer Zahl geborgenen *Mosaiken*. Nach einfachen abstrakten Anfängen der malerischen Ausgestaltung der Wohnräume kam es in Pompeji, doch nicht nur dort, zu einer bunten Themenvielfalt in den verschiedenen Stilen. Landschaften und mythologische Szenen wechselten mit Fabelwesen und phantastischer Architektur, Kentauren begegneten wie Nymphen und Tänzerinnen. Der Bilderfries der *Villa dei Misteri,* der eine packende Darstellung der Einweihung in Mysterien gibt, stellte einen Höhepunkt auf diesem Sektor dar.

Eine ähnliche Entwicklung findet sich bei den Mosaiken, die zunächst lediglich einfarbige schwarze Zeichnungen auf weißem Grund zeigten, dann jedoch im 2. Jahrhundert n. Chr. zu mehrfarbigen, kunstvolleren Produktionen übergingen. Auf die mythologischen Motive, Meeresbilder und Alltagsszenen folgten vor allem Landschaftsbilder und, besonders in Nordafrika, lebendige Darstellungen von Jagd, Tierwelt, Fischfang, aber auch des Arbeitslebens der großen Güter und Latifundien.

In den Bereichen der *Wissenschaften* und der *Technik* hatte die hellenistische Epoche besonders große Fortschritte erzielt. Aber auch die römische Kaiserzeit ist keine Phase der Stagnation. Wenn damals, wie in Plinius' des Älteren *Naturalis historia,* breite Wissenssystematisierungen vorgelegt wurden, so sollten diese nicht als abschließende Bilanz zur Erstarrung führen, sondern im Gegenteil als Fixierung der Tradition Innovationen erleichtern. Daß die Entwicklung dabei insbesondere durch große Forscherpersönlichkeiten, in erster Linie durch griechische Gelehrte, stimuliert wurde, ist evident.

Ganz allgemein aber kam es nun zur Spezialisierung und Professionalisierung der Berufe, zur Verbesserung der Ausbildung sowie zur Literarisierung vieler praktischer Disziplinen. Wieweit dabei eine Popularisierung des Wissens erstrebt wurde, sei dahingestellt. Dagegen ist die Tendenz unverkennbar, gerade Angehörigen der Führungsschichten wissenschaftliches und technisches Spezialwissen zu vermitteln, um deren Unabhängigkeit von den jeweiligen Spezialisten und damit Entscheidungskompetenz in Sachfragen zu gewährleisten.

Neben dem älteren Plinius ist insbesondere der in Alexandria wirkende, vielseitige Claudius *Ptolemaios* zu einem der einflußreichsten Gelehrten der Zeit geworden. Dessen *Große Zusammenfassung* (arabisch: *Almagest*) verband den Ertrag älterer astronomischer Untersuchungen mit den Ergebnissen eigener Studien zum „ptolemäischen" System der Himmelsbewegungen auf geozentrischer Basis, das bis zu Kopernikus für das europäische Weltbild bestimmend blieb. Gleichzeitig suchte er in einem astrologischen Handbuch *Tetrabiblos* die Einwirkung von Planeten und Gestirnskonstellationen auf den Menschen wie auf die Welt zu erhellen.

Während weitere Spezialwerke zur Erkenntnistheorie, Harmonielehre und Optik zum Teil nur fragmentarisch überliefert sind, stellte auch die vollständig überlieferte *Geographie* einen Markstein in der Forschungsentwicklung dar. Neben einer Einführung in die Probleme des Kartenzeichnens und der Projektionssysteme ermittelte Ptolemaios dort die Längen- und Breitengrade von etwa 8000 Orten und legte seinem Werk schließlich auch 26 Kartenausschnitte der damals bekannten Oikoumene bei.

Bedeutend waren die Fortschritte auch im *medizinischen Sektor*. Nach dem sehr bescheidenen Niveau der italischen Haus- und Volksmedizin sowie der *servi medici* blieb die ärztliche Versorgung auch in der Kaiserzeit zunächst unzulänglich, wenn man vom Wirken der Militärärzte und der Betreuer der

Gladiatoren absieht. In Rom selbst wurde eine öffentliche Grundversorgung erst durch Antoninus Pius eingerichtet.

Doch das Bild änderte sich, als die Principes Hofärzte wählten und als sich vor allem die griechische Medizin dank großer Forscher weiterentwickelte. Zu ihnen zählten unter Traian *Rufus* von Ephesus, der sich vor allem um die Anamnese, Pulslehre und Anatomie bemühte, sowie *Soranus* von Ephesus, ein Gynäkologe hohen geistigen Ranges, der nicht zuletzt die Ausbildung der Hebammen verbessern wollte.

Am produktivsten aber wurde der aus Pergamon stammende *Galen,* der spätere Leibarzt Mark Aurels. Er hat in Hunderten von Schriften nahezu alle Gebiete der Medizin behandelt, dabei Theorie und Praxis eng verbunden und das Ideal des philosophisch gebildeten Arztes verwirklicht. Sein Werk hatte bis in die frühe Neuzeit kanonischen Rang. Bei allen genannten Ärzten finden sich im übrigen keineswegs nur fachinterne, spezialistische Informationen und Erörterungen. Sie geben vielmehr Stellungnahmen zu stets aktuellen Fragen ab, so zur Standesethik und dem Selbstverständnis der Ärzte, der Beziehung zwischen Arzt und Patient, der Rolle von Lebensführung und Ernährung, den Problemen der Abtreibung. Ausbildungsprobleme kamen ebenso zur Sprache wie solche der literarischen Konkurrenz und der Publikationspflicht. Galen hat selbst eine Kritik am übertriebenen Gelderwerb der Ärzte artikuliert.

Die *technische Entwicklung* bietet in der Kaiserzeit ein durchaus widersprüchliches Bild. Gewiß galten auch hier die ökonomischen Ziele der Technik überhaupt, die Ziele der Ertragsmaximierung und des möglichst sparsamen Einsatzes von Materialien und Energie. Gewiß diente die Technik, wie Burkhard Meißner aufgezeigt hat, in erster Linie der Behauptung und Steigerung des Zivilisationsniveaus sowie dem Autonomiegewinn des Menschen. Doch in der Realität war die Zahl der wirklich wichtigen Innovationen begrenzt, die Beharrungskraft der inzwischen bewährten Instrumente und Produktionsweisen auf allerdings hohem Niveau bemerkenswert.

Besonders groß erwiesen sich die Fortschritte im Bauge-werbe. Der betonähnliche, sogenannte hydraulische Mörtel und die Verwendung von Stützmauern und Gewölben erlaub-ten nun einen Kuppel- und Gewölbebau in den weitesten Dimensionen; hartgebrannte Ziegel verbesserten die Hypo-kaustheizung (Fußbodenheizung). In den größeren Werkstät-ten wurden Schraubenpressen, Hebe- und Flaschenzüge, auch Kräne eingesetzt. Die Schriften des *Heron* von Alexandria gewähren daneben einen Einblick in den technischen Standard in Mechanik, Automatenbau, die Verwendung von Druckluft und Druckdampf als Antriebsmittel. Das Ausmaß der Anwen-dung solch hochentwickelter und anspruchsvoller Methoden ist freilich nicht abzuschätzen.

Wohl viel bedeutsamer als der Einsatz singulärer neuer Erfindungen war indessen die Verbreitung von bewährten Techniken des Mittelmeerraumes in den Provinzen. Für die Verwendung der Wassermühle zur Energiebereitstellung galt dies ebenso wie für die Methoden der Keramik- und Glaspro-duktion. Andererseits wurde eine gallische „Erntemaschine" nur in regionalem Rahmen eingesetzt, weder Windmühlen noch Dampfturbinen entwickelt, nicht einmal funktions-gerechtes Geschirr für die Zugtiere geschaffen. Daß im militärischen Sektor leistungsfähige Pfeil- und Belagerungsge-schütze existierten, berührte den zivilen Bereich des Alltags nicht.

## IX. Religion

In seinem Tatenbericht stellte Augustus gerade die Aktivitäten im religiösen Bereich mit besonderem Nachdruck heraus. Tatsächlich kam es zu einer umfassenden Restauration: Tem-pel wurden wiederaufgebaut, neue errichtet, die traditionellen Priesterkollegien ergänzt und in ihren Aufgaben wiederbelebt, Riten und Feste beachtet und koordiniert. Dabei entsprachen diese vielfältigen Maßnahmen nach den Erschütterungen und Katastrophen der Bürgerkriege durchaus dem allgemeinen

Bewußtsein und den allgemeinen Überzeugungen. Der politische Neubeginn sollte im Einvernehmen mit den Göttern erfolgen.

Einmal mehr zeigte sich die Beharrungskraft der alten römischen Gottheiten, allen voran der kapitolinischen Trias *Juppiter, Juno und Minerva,* die nun auch in vielen Städten des Westens zumindest als Loyalitätsakt verehrt wurde. Doch innerhalb der alten polytheistischen Grundvorstellungen und des alten Pantheons kam es auch zu bemerkenswerten neuen Entwicklungen. Dazu zählten einerseits die Differenzierungen der machtvollen alten Gottheiten nach speziellen Funktionen oder Räumen, andererseits auch die Zusammenfassungen von Gottheiten und schützenden Mächten sowie deren Verbindungen mit *Genius* oder *Numen* (göttliches Wesen) des Herrschers. Die demonstrative, gleichzeitige Bekundung von religiöser Verehrung und politischer Loyalität wurde geradezu zur Regel. Insbesondere galt dies, wie schon erwähnt, für die verschiedenen Formen des Kaiserkultes, vor allem in der Verbindung von *Roma* mit dem jeweiligen Princeps.

Im religiösen Bereich des Imperiums herrschten weithin Toleranz und Duldung. Dies galt auch gegenüber den Gottheiten und Verehrungsformen Griechenlands wie des Orients, die inzwischen längst auch in Rom selbst heimisch geworden waren. Staatliche Eingriffe erfolgten sehr selten. So zum Beispiel bei der Zerschlagung der *têtes coupées* (Stelen mit Schädeln) des kelto-ligurischen Raumes aufgrund der „barbarischen", nach römischem Verständnis inhumanen Sitten dieser Zivilisation, so auch im Vorgehen gegen die Druiden unter Claudius, wobei die Sorge vor deren politischem Einfluß überwogen haben dürfte. Dagegen wurden die großen religiösen Komplexe Nordgalliens, die zwischen 460 und 8500 m$^2$ bedeckten, nicht angetastet.

Für die Entwicklung innerhalb des Imperiums ist das Phänomen der *interpretatio Romana* charakteristisch. Dabei handelt es sich nicht nur um die durch Caesar und Tacitus bezeugte Übertragung traditioneller römischer Gottesbegriffe auf nach Funktion oder Erscheinung ähnliche oder vergleichbare fremde Vorstellungen, wie zum Beispiel bei Caesars Identifikation der gallischen Hauptgottheit mit Merkur, sondern um wechselseitige Beziehungen und spezielle Adaptionen. Die Namen des *Mars Cocidius* in Britannien, des *Mars Caturix* in Gallien und des *Mars Vintius* in Ligurien zeigen dies ebenso wie die *Diana Abnoba* im Schwarzwald oder der weit verbreitete *Apollo Grannus* im oberen Donauraum.

In dieselbe Richtung weisen auch die ähnlich häufigen, für die Zeit typischen Erscheinungen des *Synkretismus,* der Göttermischung oder Theokrasie, die auf eine lange Vorgeschichte zurückgehen und in der *Isis* „mit den tausend Namen", der „myrionyma", ihre sinnfälligste Gestalt fanden.

Die vitalste Erscheinung im religiösen Leben der Kaiserzeit sind zweifellos die *Mysterienreligionen,* die Kulte des *Dionysos,* der *Isis,* der *Kybele,* der *Dea Syria,* des *Juppiter Dolichenus* und vor allem des *Mithras,* die nun sämtlich auch im Westen des Imperiums weite Verbreitung fanden. Diesen Kulten war in der Regel gemeinsam, daß sie über ein geheimnis- und eindrucksvolles Aufnahmeritual und ungewöhnlich intensive Kultakte verfügten. So wurde im Kybele-, Atargatis- und Mithraskult das *taurobolium* praktiziert, eine kultische Reinigung durch das Besprengen mit dem frischen Blut eines rituell geschlachteten Stieres.

Die Liturgien dieser Kulte waren normiert, in dem kleinen Kreis der eingeweihten Mysten banden sie den Einzelnen in das Kultgeschehen ein, ließen ihn das persönliche Heil durch innere Umkehr und auch ein neues Leben nach dem Tode erhoffen. Durch die direkte Verbindung des Mysten mit seinem Gott, eine exklusive, immer wieder erneuerte Beziehung, ließen sie den Einzelnen zugleich Teil eines allumfassenden religiösen Weltbildes werden.

Die größte Bedeutung erlangte dabei der *Mithraskult,* der sowohl durch Soldaten und kaiserliche Beamte als auch durch Kaufleute und Händler die weiteste Verbreitung erfuhr. Er ist an über 400 Orten des Imperiums bezeugt, durch rund 650 Stiertötungsreliefs, durch Wandmalereien, Graffiti und rund 1000 Inschriften belegt. Zentren sind Rom mit etwa 100 kleinen Mithräen, die großen Hafenstädte, vor allem aber auch die Garnisonen, Kastelle und Siedlungen in den militärisch durchdrungenen Grenzräumen gewesen. Im Mithraskult waren zwar auch Sklaven, doch ausschließlich Männer vertreten. Seine Anhänger wurden in verschiedene Grade eingeteilt; ein gemeinsames Mahl stellte ein wichtiges Element des Ritus dar.

Neben all diesen vitalen oder auch nur konventionellen Bindungen sind andere Erscheinungen nicht zu unterschätzen. Die römische Satire brandmarkt die Welt der Astrologen, Wahrsager, Traumdeuter, Blitzinterpreten, Pseudoseher, der Scharlatane und „kundigen" Frauen sowie die vielerlei Vermittler geheimnisvollen fremden Wissens und der Magie. Offensichtlich hielten die Bemühungen um diese Bereiche selbst dann noch an, wenn sich die Enttäuschungen mehrten – und dies nicht nur bei den Angehörigen der Unterschichten. In den Oberschichten kamen philosophische Überzeugungen ebenso hinzu wie Agnostizismus, Indifferenz, Skepsis und Areligiosität. So vielgestaltig die religiösen Erscheinungsformen insgesamt geworden waren, eine pessimistische Grunddisposition war weit verbreitet, die einstige innere Geschlossenheit gemeinsamer Überzeugungen in Staat und Gesellschaft ging verloren.

Die konventionelle Vorstellung einer allgemeinen Verflachung und eines Niedergangs der religiösen Aktivitäten und Bindungen in der römischen Kaiserzeit ist indessen, wie jede Verallgemeinerung in diesem Bereich, äußerst problematisch. Eine Vielzahl von Zeugnissen, Danksagungen, eingelösten *vota* (Gelübden) und anderer individueller Bekundungen spricht eher für das Gegenteil, wenn sich solche Verbindungen nun auch oft genug in subjektiven Bahnen vollzogen und damit eine Verlagerung der religiösen Energien dokumentieren.

Innerhalb des kaiserzeitlichen Religionsgefüges und der allgemeinen Vorstellungswelt mußten *Judentum und Christentum* von Anfang an als provozierende Elemente wirken. Ihre strikt monotheistische Überzeugung, die keinerlei Kompromisse mit anderen Religionen kannte, auf ihrer Ausschließlichkeit beharrte und weder eine religiöse Verehrung der Göttin *Roma* noch eine solche des Princeps duldete, mußte notwendig zu Konflikten führen. Dazu kam die Tatsache, daß die Angehörigen der römischen Führungsschicht, die mit diesen Religionen konfrontiert wurden, deren Inhalte und Konsequenzen nicht verstanden. Die jüdische Frage wurde zudem primär als eine „nationale" Frage aufgefaßt, Eigenart und Ziele der verschiedenen Gruppen, der Pharisäer, Sadduzäer, Essener und Zeloten nicht erkannt.

Nach dem Tode Herodes des Großen (4 v. Chr.), der durch seine entschiedene Machtpolitik und eine enge Zusammenarbeit mit den Römern die Lage in Palästina geraume Zeit konsolidiert hatte, rissen die inneren Wirren in diesem Raum nicht ab. Dazu flammten zwischen 38 und 41 n. Chr. in Alexandria erbitterte Auseinandersetzungen zwischen Griechen und Juden auf, deren Bevölkerungsanteil auf bereits 15 % geschätzt wird. Der große jüdische Aufstand des Jahres 66 n. Chr., der nicht nur von den politischen Aktivitäten der Zeloten, sondern auch von breiten messianischen Hoffnungen getragen wurde, führte zu einem fanatischen Widerstand gegen Rom, zur Belagerung und Einnahme Jerusalems, zur Vernichtung des Tempels (70 n. Chr.), erst 73 n. Chr. mit der Einnahme Masadas zum Ende des erbitterten Ringens.

So schwer Roms Repressalien waren, das religiöse Leben der Juden kam nicht zum Erliegen. Mit Billigung Vespasians entstand in Jamnia ein neues religiöses Zentrum. Dort begründete der Pharisäer Jochanan eine Rabbinerschule, dort tagte auch der Gerichtshof der Sanhedrin. Der Rat der 72 Ältesten nahm zwar keine politischen Interessen wahr, wurde jedoch gerade deshalb zur höchsten religiösen Autorität.

Es ist offenkundig, daß gleichzeitig auch die jüdische Diaspora verstärkt wurde, eine Diaspora, die sich schon längst im ganzen Reich um die Synagogen versammelt hatte. Diese Kultinstitution, in der die Schriften gelesen und erklärt wurden, war gleichzeitig Bildungseinrichtung für Kinder wie für Erwachsene sowie Verwaltungs- und Sozialzentrum. Mit all dem trug sie entscheidend zur Behauptung der jüdischen Identität bei, mußte indessen auch zum Ansatzpunkt des Juden-christentums werden.

Allein in Rom sind die Namen von 15 Synagogen bekannt, dort hatten sich die Juden vor allem im Viertel von Trastevere konzentriert. Die bescheidenen Zeugnisse der jüdischen Kata-komben und die Inschriften belegen, daß bei ihnen die griechi-sche Sprache vorherrschend war, die hebräische und die aramäische dagegen relativ selten verwendet wurden.

Die Zerstörung Jerusalems und die bitteren Folgen des Aufstandes in ganz Palästina konnten die Juden nicht ver-gessen. Herrschten zunächst Trauer und Erschöpfung, auch apokalyptische Vorstellungen, so brach in der Etappe von Tra-ians Partherfeldzug zwischen 115 und 117 n. Chr. eine neue, weit verbreitete Erhebung des Diaspora-Judentums aus. Sie erfaßte den gesamten Raum zwischen dem Zweistromland und der Kyrenaika, dazu auch Zypern, trug zum Abbruch der römischen Offensive gegen die Parther bei und wurde schließ-lich in Blut und Terror erstickt.

Hatte dieses Geschehen stärker Palästinas Peripherie erfaßt, so bildete es für den folgenden großen Aufstand unter Simon *Bar Kochba* (132–135 n. Chr.) erneut das Zentrum. Mochten Bar Kochbas Münzlegenden noch einmal die „Befreiung Jeru-salems" wie die „Befreiung Israels" feiern, auch diese letzte Empörung der Juden endete in einem Meer von Blut, in Ver-sklavungen und unendlichem Leid.

Es ist nicht ohne Tragik, daß ausgerechnet derjenige römi-sche Princeps, der in so ungewöhnlicher Weise bereit war, die Eigenart fremder Kulturen anzuerkennen, Hadrian, gegenüber dem Judentum scheiterte. Durch die Anlage der *Colonia Aelia Capitolina* mit einem *Juppiter Capitolinus-* und einem *Venus-*Tempel sowie den üblichen Verwaltungsbauten in imperialem Stil hatte er zwar Jerusalem römisch überformen, den Juden das Betreten des Areals verbieten, die inzwischen im ganzen Reich verbreitete Religion schwächen, aber sie nicht beseitigen können.

In einer ganz anderen Weise ist das *Christentum* von Anfang an mit dem römischen Reich verbunden, die Kaiserzeit zugleich die entscheidende Phase seiner Festigung, Ausbreitung und Behauptung. Die Namen des Kaisers Augustus und des „Landpflegers" Publius Sulpicius Quirinius sind aus dem Lukasevangelium als Elemente der historischen Einordnung Christi ebensowenig wegzudenken wie derjenige des Pontius Pilatus aus dessen Leidensgeschichte oder derjenige des römischen Bürgers Paulus aus der Geschichte der christlichen Mission, die bald auch das Zentrum des Imperiums und Rom selbst erfassen sollte. Zunächst war sie allerdings besonders im Osten und Süden des Reiches erfolgreich: Antiochia, Ephesus, Alexandria bildeten neben Jerusalem die ersten größeren Zentren des Christentums, auch in Nordafrika war es stärker verbreitet.

Dieser weitflächige Ausbreitungsprozeß löste freilich immer wieder lokale Unruhen aus. Immer wieder wurden jüdische und altgläubige Gruppen gegen die Christen aufgehetzt. Obwohl von deren Religion nur wenig bekannt war, ist ihnen die Schuld an allen nur denkbaren Katastrophen zugewiesen worden. So hielt Tertullian fest: „Wenn der Tiber über die Ufer tritt, wenn der Nil die Felder nicht bewässert, wenn die Witterung nicht umschlagen will, wenn die Erde bebt, wenn es eine Hungersnot, eine Seuche gibt, sogleich vernimmt man den Ruf: ‚Die Christen vor die Löwen!'" (*Apologeticum*, c.40)

Tacitus' Bericht über die Christenverfolgung Neros vom Jahre 64 n. Chr., als dieser den Christen die Schuld am Brand Roms zuschob, gibt das allgemeine Christenbild jener Jahre zu erkennen, das die Unterstellung glaubwürdig erscheinen ließ: Die Christen sind „wegen ihrer Verbrechen verhaßt", ihre Religion ist ein „unheilvoller Aberglaube". Sie zählt zu jenen „furchtbaren und verabscheuungswürdigen religiösen Gebräuchen", die aus der ganzen Welt in Rom zusammenströmen. So wurden die Christen denn auch „nicht gerade der Brandstiftung, aber doch des Hasses gegen das menschliche Geschlecht (*odium humani generis*) überführt." (*Annalen* 15,44) Die Tatsache, daß der zuletzt allgemein verhaßte Nero wenige Jahre später zum Staatsfeind erklärt wurde, änderte nichts mehr daran, daß das Christentum kriminalisiert war.

Den wichtigsten Einblick in die offizielle römische Politik gegenüber dem Christentum gibt der Briefwechsel des jüngeren Plinius mit Traian (*Epistulae* 10,96 f.). Plinius war um 111 n. Chr. von Traian als Legat mit konsularischer Gewalt beauftragt worden, die Verwaltung von Pontus und Bithynien zu übernehmen, und dabei mit dem Christenproblem konfrontiert worden.

Da er einerseits nie an Christenprozessen teilgenommen hatte, auch die Praxis und Ziele der christlichen Gemeinden nicht kannte, andererseits jedoch feststellen mußte, daß „der ansteckende Irrglaube" „viele Menschen jeden Alters, jeden Standes, auch beider Geschlechter" erfaßt hatte und „nicht nur in die Städte, sondern auch in Dörfer und Flecken" eingedrungen war, erbat er von Traian nähere Anweisungen sowie die Billigung seines bisherigen Verfahrens.

Der Kaiser antwortete: „Das Verfahren, das am Platze war, mein lieber Plinius, hast Du bei der Prüfung der Anklage gegen die, die Dir als Christen vorgeführt wurden, eingeschlagen. Denn es läßt sich nicht im allgemeinen etwas festsetzen, was sozusagen eine genau umrissene Gestalt hat. Man soll nicht nach ihnen fahnden (*conquirendi non sunt*); wenn sie aber angezeigt und überführt werden, muß man sie bestrafen, so jedoch, daß einer, der leugnet, Christ zu sein, und dies durch die Tat beweist, das heißt, durch ein Opfer für unsere Götter, um seiner Reue und Umkehr willen Gnade findet, wie sehr er auch für die frühere Zeit verdächtig sein mag. Anonyme Anzeigen aber dürfen bei keiner Anklage Berücksichtigung finden. Denn das wäre ein verderbliches Beispiel und unserer Zeit nicht würdig (*nam et pessimi exempli nec nostri saeculi est*)." (Übersetzung C. Becker)

Traians Entscheidung entsprach gewiß dem aufgeklärten, toleranten Stil des römischen Adoptivkaisertums. Reintegration war für den Herrscher wie für seinen Legaten vordringlicher als eine systematische Verfolgung großen Stils. Vor allem sollten die Verfahren streng verrechtlicht werden. Prüfstein in ihnen wurde das „Opfer für unsere Götter". Damit war erneut die Identität von traditioneller religiöser Norm und politischer

Loyalität als Grundsatz eingeschärft worden, jene Identität, welche dann während der Reichskrise des 3. Jahrhunderts n. Chr. mit Notwendigkeit die Christen in eine ausweglose Situation führen mußte. Die offensichtliche Inkonsequenz von Traians Vorgehen ist oft kritisiert worden. Nur sollte dabei anerkannt werden, daß der Princeps gerade kein Perfektionist der Ausrottung sein wollte.

Traians Richtlinien blieben zunächst bestimmend. Das *conquirendi non sunt* begünstigte die weitere Ausbreitung, konnte aber auch neue antichristliche Hysterie, wie im Falle der *Märtyrer* von Lyon (177 n. Chr.), nicht verhindern. Gleichzeitig hatten sich der Märtyrerbegriff, dessen Inhalt wie dessen Funktion wesentlich verändert. Aus dem Zeugen für Auferstehung und Glaubenswahrheit war der Blutzeuge geworden, aus dem primär lebenslangen Einsatz für Christus die einmalige letzte Konsequenz des Bekenntnisses.

Mochten die theologischen Auffassungen noch so sehr differieren, in den Gemeinden war das Martyrium gleichbedeutend mit einer „Bluttaufe", welche die Vergebung aller Sünden ebenso implizierte wie die privilegierte Stellung im Himmel. Die stets lebendige Märtyrerverehrung setzte schon im 2. Jahrhundert n. Chr. ein, auch das passionierte Streben nach dem Martyrium, das den traditionellen Religionen Hohn sprach.

Der Kern des christlichen Glaubens und der christlichen Lehre blieb in den Jahrhunderten der Kaiserzeit unverändert. Im Bann der Religion der Liebe und der Hoffnung waren die irdischen Nöte überwunden, überwunden auch alle Unterschiede von Geburt und gesellschaftlicher Stellung, Besitz und Reichtum, Geschlecht, Sprache und Heimat. Der Glaube der Christen hatte eine Erweiterung der Existenz, eine neue Bewußtseinsdimension eröffnet. Die Macht dieser Überzeugungen war denn auch wichtiger als die Entwicklungen in den Formen der Gemeinden wie der Kirche insgesamt.

Eine einheitliche Organisationsstruktur gab es anfangs nicht. Viele Gemeinden wurden zunächst kollegial von Ältesten (*Presbytern*) geleitet. Erst im 2. Jahrhundert n. Chr. fand das Amt des *Bischofs* weitere Verbreitung; erst gegen Ende dieses Jahrhunderts wurden Bischofslisten zusammengestellt, welche die Geschichte der einzelnen Gemeinden bis auf die Apostel zurückführten.

In der Anknüpfung an die Petrustradition begann sich allmählich die Sonderstellung der römischen Bischöfe herauszubilden. Um die Jahrhundertwende fanden dann bereits erste Synoden statt; zu Beginn des 3. Jahrhunderts n. Chr. verfaßte in Rom Hippolyt die *Traditio apostolica,* die älteste erhaltene Kirchenordnung, die von der konsequenten Trennung zwischen Klerus und Laien sowie von der Fixierung der einzelnen Aufgaben in der Gemeinde ausging.

Doch nicht allein die Strukturen bestimmten das Leben in den Gemeinden. Als sehr viel wichtiger erwiesen sich neben den gemeinsamen Gottesdiensten und Liturgien die sozialen Aktivitäten in den christlichen Zellen, die Pflege von Kranken, die Betreuung von Witwen und Waisen, die vielfältige Hilfe in Notsituationen. Gerade angesichts der großen Defizite in den Sozialleistungen der Städte waren diese gegenseitigen Unterstützungen ein starkes Band, das die Gemeinschaften festigte.

## X. Grenzen und Umfeld des römischen Imperiums

Die römische Grenzpolitik wies von Anfang an erstaunliche Widersprüche und Gegensätze auf. Einerseits wurde gerade die römische Praxis durch exakte Abgrenzungen bestimmt, Abgrenzungen des Raumes wie der Macht. Die Abgrenzung des *pomerium,* der geheiligten Grenze der Stadt Rom, wie jene der Felder bei den Landzuweisungen oder die Festlegung der Grenzen der römischen Provinzen, schließlich auch die Ausbildung der römischen Feldmeßkunst mit ihren großen Katastern bezeugen dies wie in anderer Weise die zeitliche Begrenzung der Magistraturen und der Imperien. In Begrenzungen scheint sich der römische Ordnungssinn besonders deutlich auszudrücken.

Doch dem stehen andererseits konträre Phänomene entgegen: Von den führenden Magistraten wurde stets die Beobachtung der Vorgänge bei den Nachbarn, von den Statthaltern diejenige des Vorfeldes ihrer Provinzen erwartet. Wie das Beispiel Caesars zeigt, ist präventives Eingreifen in bedrohlichen Situationen sowie das Zerschlagen gefährlicher Machtkonzentrationen auch außerhalb des persönlichen Kommandobereichs durchaus akzeptiert worden. Ängste vor Galliern, Puniern und Germanen waren die Folgen der historischen Erfahrungen der römischen Republik; die katastrophalen Auswirkungen jener Invasionen erklären Roms geradezu zwanghafte Sensibilisierung für alle Probleme an den Grenzen wie im Umfeld des römischen Machtbereichs.

Dazu trat seit der späten römischen Republik noch ein weiteres fundamentales Spannungsfeld. Seit Cicero vor allem war die hellenistische Vorstellung einer römischen Herrschaft über die gesamte Erde, zumindest über die ganze zivilisierte Menschheit, eines grenzenlosen Imperiums, in Rom verbreitet worden. Im Banne der Alexandertradition stießen römische Feldherrn tatsächlich zu den Grenzen der bekannten Erde vor, Pompeius am Kaspischen Meer, Caesar zur Nordwestspitze Spaniens und nach Britannien. Noch im Tatenbericht des Augustus wird eine solche Vorstellung suggeriert, die zumindest durch die Gesandtschaften von fremden Völkern und durch die Inthronisation von Klientelfürsten und -königen wenigstens im Ansatz gerechtfertigt schien. Der Widerspruch zwischen Ideologie und Realität blieb jedoch stets offenkundig.

Die Neustrukturierung des Imperium Romanum unter Augustus verlieh der römischen Grenzpolitik dann eine neue Qualität. Alte römische Mentalitäten, wie das Racheprinzip, die Züchtigung von Invasoren und Plünderern, Kompensationsforderungen für Schäden, die Terrorisierung von „Barbaren", wirkten auf sie ebenso ein wie die Kriterien „großer Strategie" oder die speziellen Situationen an einzelnen Grenzabschnitten. Insgesamt jedoch trat an die Stelle regionaler Aktivitäten von Statthaltern und Triumvirn eine einheitliche, zumindest mittelfristige Systematik, welche die militärischen Initiativen mit den defensiven Notwendigkeiten koordinierte und dabei von der Kohärenz des Imperiums ausging.

Die schwerpunktmäßige Konzentration der Legionen in den Grenzzonen zog dort bald einschneidende soziale und ökonomische Veränderungen nach sich. Die beträchtliche Zuwanderung von Personen der verschiedensten Provenienz und Berufe, die Erschließung von Ressourcen der einzelnen Räume, die Verlagerung von Produktionsstätten, der Ausbau der Logistik und der Einsatz neuer Techniken sind hier nicht weniger bezeichnend als der Wandel in Mentalität und Religion.

Die konkreten Probleme und Konsequenzen der kaiserzeitlichen Grenzpolitik seien an zwei Vorgängen aufgezeigt, an der julisch-claudischen Politik im Raum zwischen Rhein und Elbe sowie am Ausbau des römischen Limes. Im Raum östlich des Rheins blieb die Entwicklung in augusteischer Zeit zunächst völlig offen. Aus der Defensive entfalteten sich anfangs unter dem älteren Drusus und unter Tiberius begrenzte Vorstöße, Strafaktionen, die zum Zurückdrängen germanischer Stämme sowie zu Umsiedlungen mit dem Ziel einer Beseitigung des äußeren Drucks auf die Rheingrenze führen sollten. Erst nach diesem, zum Teil bereits verlustreichen Vorfühlen, das noch in den Bereich der bewaffneten Aufklärung gehört, wurde der Radius der militärischen Operationen immer weiter gesteckt.

Dabei dienten die Flüsse in dem zuvor unbekannten Territorium sowohl als eindeutige Orientierungshorizonte als auch als logistische und operative Grundlinien. In diesen Zusammenhängen gewann die Elbe eine besondere Bedeutung. Doch diesen Strom zu erreichen und den römischen Anspruch durch einige Stützpunkte zu sichern war etwas völlig anderes, als längs der Elbe eine militärisch intensiv ausgebaute Grenzzone zu organisieren, die jener am Rhein entsprach.

Es sollte sich zeigen, daß das primär militärisch überwachte römische Okkupationsgebiet zwischen Rhein und Elbe trotz der neuen Vorstöße des Germanicus auf die Dauer nicht zu halten war. Imperialisten mochten über die „verlorenen Siege" lamentieren oder sich dem Ideologem des grenzenlosen Imperiums

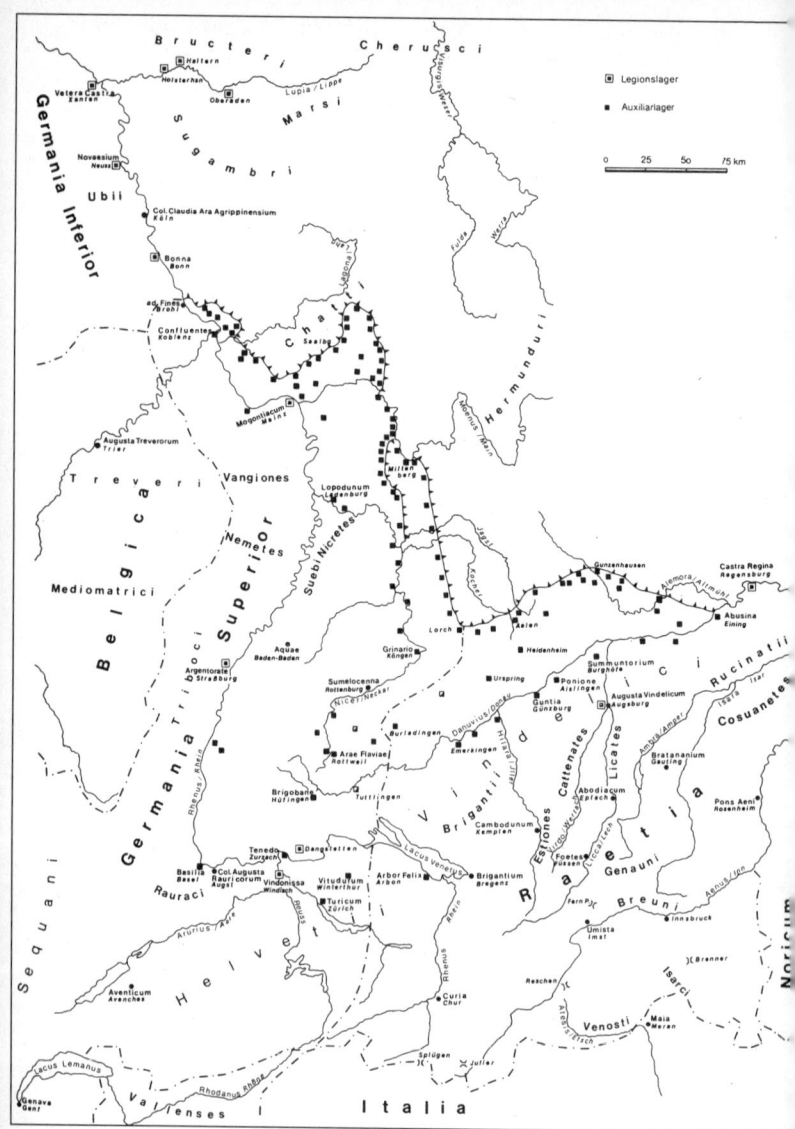

Römischer Limes in Obergermanien

hingeben, Realisten wie Tiberius begnügten sich damit, aus dem Vorfeld der Rheingrenze eine Peripherie werden zu lassen.

Ganz anders gestalteten sich die Entwicklungen im obergermanischen Bereich, die mit dem Begriff des *Limes* verbunden sind. In claudisch-flavischer Zeit ist sowohl dort wie in Britannien und an anderen Grenzabschnitten des Imperiums ein etappenweises Vorschieben von einzelnen Stützpunkten und Kastellen zu beobachten, so zum Beispiel an der oberen Donau und auf der Schwäbischen Alb.

In den Kämpfen gegen die Chatten ging Domitian dagegen um 90 n. Chr. zu einem neuen, in sich geschlossenen System der Grenzüberwachung über. Zunächst lediglich aus einem Palisadenzaun mit hölzernen Wachttürmen, die zugleich als Signalstationen dienten, und aus kleinen Erdschanzen bestehend, wurde das System immer weiter verstärkt und ausgebaut. Dabei ist mit Nachdruck zu betonen, daß der Limes nie als Kampf- oder Verteidigungslinie dienen sollte, sondern die Funktion hatte, die lückenlose Überwachung und Kontrolle der Grenzen des Imperiums zu gewährleisten.

Die Anlage des Limes setzte den bewußten Verzicht auf weitere militärische Offensiven in das Innere Germaniens voraus und markierte damit die endgültige Abkehr von allen Expansionsplänen. Die im Raum von Taunus und Wetterau begonnene Anlage erstreckte sich schließlich von Rheinbrohl bis nach Kehlheim und wies damit um die Mitte des 2. Jahrhunderts n. Chr. auf germanischem Boden eine Gesamtlänge von 548 km auf. Sie stützte sich auf rund 900 Wachttürme und 60 Kastelle. Die Sollstärke der obergermanischen Limestruppen belief sich auf etwa 20000 Mann.

Die Konzeption dieser defensiven Grenzpolitik wurde dann seit Hadrian noch weiter forciert, dabei jeweils den Bedingungen der einzelnen Grenzabschnitte angepaßt. Dies galt für die geschlossenen Anlagen des Hadrians- und des Antoninuswalls im Norden Britanniens und für jene in Obergermanien und Rätien ebenso wie für die Kastellketten um Dakien oder die Wälle an der unteren Donau, die Stützpunktsysteme vom Euphrat bis nach Bostra und für die Zone des römischen Nordafrika. Von den insgesamt etwa 16 000 km des Gesamtumfangs des Imperiums wurden rund 1600 km durch geschlossene Limesanlagen, Wälle und Mauern und rund 3000 km durch Stützpunktsysteme umschlossen. Das Ganze bildete damit eine der monumentalsten Grenzanlagen der Großreiche überhaupt.

Einzelheiten der römischen *Vorfeldordnung* wurden bereits erwähnt. Am brutalsten waren dabei die Umsiedlungsaktionen, von denen insbesondere germanische Stämme östlich des Rheins und an der unteren Donau betroffen wurden, so zum Beispiel die Ubier, Sugambrer, Chatten, Markomannen und Hermunduren – um nur einige der bekannteren Fälle zu nennen. Ein anderes Mittel zur Ausweitung des römischen Einflusses und zur Sicherung der römischen Macht war die Einsetzung von Klientelkönigen, die für die Cherusker nicht weniger bezeugt ist als für Quaden, Armenier und selbst für die Parther. Doch in allen diesen Fällen erwies sich das Verfahren als problematisch und zeitigte nur kurzfristige Wirkungen.

Sehr viel wichtiger waren die *Handels*kontakte, für die es freilich keine einheitliche Regelung gab. Wurden die Beziehungen mit den Tenkterern streng überwacht, so diejenigen mit den Hermunduren großzügig gehandhabt. Jene mit den Markomannen standen noch zur Zeit Mark Aurels unter rigider Kontrolle. Grundlegend für diesen Bereich wie für die Analyse der nachbarschaftlichen Beziehungen ist die Auswertung der archäologischen Funde und Denkmäler. Während dabei spektakuläre Phänomene, wie die Funde von wertvollem römischen Silber- und Bronzegeschirr im germanischen Norden, die Inventare von Fürstengräbern oder der Schatzfund von Hildesheim, aber auch der Hort von Begram (ca. 50 km nördlich Kabul) oder das römische Mausoleum von Germa im Fezzan seit längerer Zeit berücksichtigt wurden, ist mit der systematischen Erfassung der Fundmünzen wie der kleineren Objekte erst in den letzten Jahrzehnten begonnen worden.

112

# XI. Die Epoche der Soldatenkaiser

Die neuen Strukturen des Principats und der römischen Kaiserzeit insgesamt waren einst aus der jahrzehntelangen Krise der späten römischen Republik hervorgegangen. In einer ähnlich komplexen und langandauernden Krisenperiode, der Zeit der Soldatenkaiser, sollten sie verzweifelt verteidigt, am Ende dann aber doch in eine neue historische Formation, die Spätantike, transformiert werden.

Das halbe Jahrhundert zwischen 235 und 285 n. Chr. wurde durch Chaos und Verzweiflung bestimmt, durch nicht abreißende Kämpfe an den Grenzen wie im Innern des Imperiums. Eine völlig veränderte militärische Gesamtlage mit tiefen Einfällen in das Reichsgebiet in Ost wie in West erschütterte es ebenso wie die permanenten machtpolitischen Auseinandersetzungen verschiedener Heeresteile. Weite Kreise der von allen Seiten ausgeplünderten Bevölkerung sanken in Armut, Not und Elend.

Der Krisenprozeß erreichte in den fünfziger und sechziger Jahren des 3. Jahrhunderts n. Chr. seinen Höhepunkt. In der „Zeit der dreißig Tyrannen" drohte die Einheit des Imperiums zu zerbrechen. „Sonderreiche" spalteten sich ab, die Regionalisierung der Defensive wurde vorherrschend, der Staat konnte sich nur noch mit den härtesten Zwangsmaßnahmen behaupten. Der Wirtschaftsraum löste sich in kleinere Zellen auf, der Rückfall in die Naturalwirtschaft war offensichtlich. Es grenzte an ein Wunder, daß dieses Katastrophenbündel überhaupt noch bewältigt werden konnte.

Die „Soldatenkaiser", die jetzt an der Spitze des Reiches oder wenigstens größerer Reichsteile standen, stellten einen völlig neuen *Herrschertyp* dar. Abstammung und Bildung spielten für sie keine Rolle mehr. Daß sie überwiegend aus Illyrien, Pannonien und anderen Grenzlandschaften kamen, war zweitrangig und nur insofern von Bedeutung, als sie Offizieren und Truppen ihrer Heimatgebiete einigermaßen vertrauen konnten. Entscheidend aber waren Härte, Durchsetzungsvermögen, Vitalität und militärische Erfahrung, auch die Anerkennung ihrer Autorität bei Kommandeuren und Verbänden.

Allen mußte es darum gehen, ihre Macht zu konsolidieren und auszuweiten sowie die Kontinuität der Herrschaft zu sichern – was nur wenigen und meist nur kurzfristig gelang. Eigene Initiativen konnten die Soldatenkaiser selten genug entwickeln, in der Regel wurden ihre Maßnahmen und Entscheidungen durch die rasch wechselnden Bedrohungen und militärischen Aufgaben diktiert. So erbittert ihre wechselseitigen Kämpfe waren, in ihren politischen Zielen konnte es kaum Unterschiede geben.

Die Herrscher blieben abhängig von der Loyalität ihrer Befehlshaber und von der Treue ihrer Armee, deren hohe materielle Erwartungen sie zu erfüllen hatten. Doch die Besten unter ihnen (Postumus, Aurelian, Probus) suchten ihre Verbände zu disziplinieren; Postumus fand den Tod, als er sich weigerte, Mainz seinen Truppen zur Plünderung zu überlassen. Im übrigen war die Ausrufung zum Kaiser ein sehr zwiespältiges Glück: Von den 26 nennenswerten Herrschern dieser Epoche starb nur ein einziger, der „Senatskaiser" Tacitus, eines natürlichen Todes.

Die Militarisierung des Principats zeitigte tiefgreifende gesellschaftliche Veränderungen. Am stärksten betroffen wurde hiervon die Schicht der Senatoren, deren politischer Einfluß unerheblich geworden war; der römische Senat nahm seine alten Leitungsfunktionen nur noch in seltenen Ausnahmesituationen wahr. Lediglich ein Drittel seiner Mitglieder stammte jetzt noch aus Italien; deutlich gestiegen war dagegen der Anteil der Senatoren aus dem griechischen Osten und aus Nordafrika.

Der sinnfälligste Ausdruck des Bedeutungsrückgangs und des Machtverlustes ist die Tatsache, daß Senatoren seit den Tagen des Gallienus die Legionen nicht mehr befehligen durften. Von dem militärischen Kräftespiel der Zeit waren sie damit ausgeschlossen. Das Amt des Stadtpräfekten (*praefectus urbi*) wurde fortan zur höchsten Stellung, die ein Senator bekleiden konnte.

Um so größer wurde der Wirkungsradius der Ritter, aus deren Reihen nicht wenige der bedeutenden Herrscher der Epoche hervorgingen, so zum Beispiel Philippus Arabs, Claudius Gothicus, Aurelian, Probus und Carus – Offiziere, die zumeist als Prätorianerpräfekt gedient hatten. Auch bei den vielen Tausenden von Rittern hatte sich, ähnlich wie bei den Senatoren, der Anteil der Nicht-Italiker bedeutend erhöht. Eine große Zahl gesellschaftlicher Aufsteiger und bewährter Offiziere wurde gerade im 3. Jahrhundert n. Chr. in diesen Stand befördert.

Den Hauptteil der Belastungen jeder Art hatten die alten städtischen Führungsschichten, die Angehörigen der Municipalaristokratie, das Großbürgertum, die Handwerker und Kaufleute zu tragen. Sie waren auch von den wichtigsten wirtschaftlichen Veränderungen besonders stark betroffen, vom Niedergang der stadtbezogenen Villenwirtschaft und von der Ausweitung der vom Markt gelösten Großgüter, der *saltus*, die künftig zu den neuen Zentren des ländlichen Wirtschaftslebens werden sollten.

Wie sehr Leben und Existenz des Einzelnen damals durch Unsicherheit und Ängste geprägt wurden, zeigt besonders deutlich die Veränderung in Siedlungsweise und Stadtbild. Die traditionelle offene Siedlungsweise ließ sich vor allem in den Grenzgebieten, aber auch in deren weiterem Hinterland nicht mehr aufrechterhalten; die Grenzzonen wurden mit militärischen Sicherungspunkten, Türmen, Warten und Kleinkastellen überformt, Stadtbefestigungen erneuert und verstärkt. Typisch sind die Schutzmaßnahmen in Rom selbst. Im Jahre 271 n. Chr. ließ Aurelian in monumentalen Ausmaßen eine neue Stadtmauer errichten, die eine Länge von insgesamt 18,8 km aufwies. Ihre Höhe betrug etwa 6 m, die Breite ca. 3,60 m. Das Bauwerk hatte 18 Tore und 381 der Mauer vorgesetzte Befestigungstürme und gab damit zu erkennen, wie gefährdet selbst die Hauptstadt des Imperiums war.

Die militärische Gesamtlage hatte sich, wie bereits erwähnt, grundlegend verändert. Vom Niederrhein bis zum Nahen Osten stand das Reich in der Defensive; oft gleichzeitige Vorstöße neuer, dynamischer Kräfte diktierten das Geschehen. Ihre Plünderungszüge drangen bis nach Italien und Spanien vor. Am Rhein hatten sich aggressive Stammesverbände formiert, so aus Gruppen der Brukterer, Chamaven, Salier und weiterer Bevölkerungsteile östlich des Niederrheins die *Franken*. Diese überschritten im zweiten Drittel des Jahrhunderts den Rhein, zerstörten 260 n. Chr. *Traiectum* (Utrecht), besetzten bald danach das Gebiet der Bataver und verbreiteten ihren Terror bis an den Mittelrhein.

Noch dramatischer und gefährlicher entwickelten sich die Einfälle der *Alamannen,* die sich aus Sueben, Thüringern, Hermunduren zusammensetzten und über größere Reiterverbände verfügten. Sie konnten deshalb auch wiederholt überraschende und tiefe Plünderungszüge unternehmen. Seit 233 n. Chr. war das gesamte römische Territorium zwischen Oberrhein, Donau und Limes zum permanent umstrittenen Kampffeld geworden; in den Jahren 254 und 259/60 folgten weitere Offensiven. 260 n. Chr. stießen die Alamannen bis nach Mailand vor, wo sie von Gallienus zurückgeworfen wurden.

Sieht man von den Schatzfund- und Katastrophenhorizonten ab, die sich bis weit in das Hinterland der einstigen Reichsgrenze hinein erstreckten, so sind auch hier die Einzelheiten der Einfälle unbekannt. Bekannt sind lediglich die Folgen: Trotz späterer römischer Gegenangriffe unter Probus und Diokletian war das alte Dekumatland zwischen Rhein und Donau verlorengegangen, der Limes aufgegeben. In Gallien entstand 259 n. Chr. unter Postumus ein Sonderreich, das alle Kräfte des Raumes mobilisierte, um die Eindringlinge abzuwehren, da von dem an allen Fronten bedrängten Imperium keine wirkungsvolle Hilfe mehr zu erwarten war.

Ähnlich starke Unruhen lösten auch in den Gebieten an der mittleren und unteren Donau die Invasionen alter und neuer Gegner aus. 254 n. Chr. drangen dort die Markomannen bis nach Ravenna vor; Quaden, Vandalen und Bastarner blieben Unruhefaktoren, ebenso im Umfeld Dakiens die Karpen. Als gefährlichster Gegner des Imperiums in Südosteuropa und darüber hinaus aber sollten sich die *Goten* erweisen. Einst aus dem Weichselraum nach Südosten vorstoßend, hatten sie sich um die Mitte des 3. Jahrhunderts n. Chr. zusammen mit einigen Nachbarstämmen über weite Gebiete der Südukraine und des Balkangebiets ausgebreitet. Während die Westgoten die Landschaften zwischen Dniestr, Karpaten, Walachei und unterer Donau beherrschten, ließen sich die Ostgoten östlich davon, vom Dnjepr bis zum Asowschen Meer und zum Don nieder.

In zahlreichen Vorstößen mit Reiterei und Wagen, aber auch zur See, wurden in der zweiten Jahrhunderthälfte die Küstenstriche am Schwarzen Meer, in Moesien, Thrakien, Makedonien und Kleinasien geplündert und gebrandschatzt, Philippopolis zerstört. Um das Jahr 270 n. Chr. sah sich Aurelian gezwungen, Dakien zu räumen. Es ist nie mehr zurückgewonnen worden, obwohl sein Verlust weitaus schwerwiegender war als derjenige des Dekumatlandes. Die Ansiedlung von Germanengruppen südlich der Donau, die Zahlung von Subsidien und andere Kompromisse konnten auf die Dauer keine Abhilfe schaffen. Der starke äußere Druck im unteren Donauraum hielt an. Über den katastrophalen materiellen Schäden war auch hier viel vom alten Prestige des Imperiums verlorengegangen.

Ähnliches drohte im Nahen Osten durch die Entstehung des neuen *Sassanidischen Großreiches,* das an die Stelle der teilweise hellenisierten Macht der Parther trat. Unter demonstrativer Anknüpfung an die alte achämenidische Tradition hatte sich in der Landschaft Parsis zu Beginn des 3. Jahrhunderts n. Chr. unter den Nachkommen des Priesters Sasan eine aggressive und expandierende Machtzelle gebildet, die schon bald den parthischen Herrscher Artabanos V. herausfordern konnte. In der Schlacht von Hormizdaghan (224 n. Chr.) wurde dieser vernichtend geschlagen, unter Ardaschir I. (224–241 n. Chr.) und dem großen Schapur I. (241–272 n. Chr.) die Herrschaft der Sassaniden immer weiter ausgedehnt. Sie erstreckte sich schließlich im Westen selbst über Armenien, im Osten über Baktrien.

Durch den Einsatz von Panzerreitern, den Kataphrakten und Klibanariern, die Koordination von Angriffen schwerer und

Sassanidisches Felsrelief, Naqsch-i-Rustam
Triumph Schapurs I. über den sich kniefällig unterwerfenden Valerian.

leichter Kavallerie mit großen Einheiten von Bogenschützen
gewann das Heer der Sassaniden eine überlegene Stoßkraft,
der die römischen Verbände nicht gewachsen waren. Dazu
kam auf sassanidischer Seite die enthusiasmierende Macht
einer religiösen Erneuerung. Die zoroastrische Religion wurde
wiederbelebt, die Offenbarung Ahuramazdas kodifiziert, die
charakteristischen Feueraltäre, die auch die Rückseiten der
sassanidischen Münzen schmückten, weit verbreitet.

Vor allem unter *Schapur I.*, dem „König der Könige von Iran
und Nichtiran“, mußten die Römer schwere Rückschläge
hinnehmen. 256 n. Chr. wurden Dura Europos und Antiochia
angegriffen und teilweise zerstört; 259/60 geriet Kaiser Valerian bei Edessa (Urfa) in Gefangenschaft. Es gibt kein eindrucks-

volleres Bild römischer Schmach und römischen Niedergangs als jenes Felsrelief von Naqsch-i-Rustam bei Persepolis, das Schapur I. zu Pferde zeigt, in dem Augenblick, da sich Valerian kniefällig unterwirft. Da die Macht Roms auf eine so eklatante Weise versagt hatte, kam es auch hier durch Odainathos von Palmyra zur Bildung eines Sonderreiches, das unter der Kaiserin Zenobia sogar Ägypten umfaßte und erst unter Aurelian wieder in den Gesamtverband zurückgeführt werden konnte.

Mit *Maximinus Thrax* (235–238 n. Chr.) hatte die Reihe der Soldatenkaiser im engeren Sinne begonnen. Theodor Mommsen sah in dem Sohn eines thrakischen Hirten, der sich als Kavallerist bewährte, „die erste dieser Unteroffiziersfiguren". Bei der Rheinarmee des Severus Alexander, die ihn auf den Thron erhob, war er beliebt und enttäuschte deren Erwartungen nicht. Der neue Kaiser verdoppelte sogleich den Sold, errang aber auch in den Kämpfen gegen die Alamannen in Obergermanien wie gegen Sarmaten und Daker an der unteren Donau beträchtliche Erfolge.

Doch die verschwenderische Entlohnung des Heeres war nur durch rigorose Steuererhöhung und enorme Belastungen der Bevölkerung zu gewährleisten. Schon im Jahre 238 n. Chr. kam es deshalb zu Erhebungen in Nordafrika wie in Rom selbst. Zwar waren in Afrika die beiden Gegenkaiser Gordian I. und Gordian II. rasch niedergeworfen, doch in Rom wurde der Widerstand gegen Maximin erfolgreich organisiert, Pupienus und Balbinus zu Kaisern, ein Enkel Gordians I., Gordian III., zum Caesar ausgerufen.

Was weit wichtiger war: Da Maximinus Thrax mit seiner Armee aufgebrochen war, um seine in Italien abbröckelnde Herrschaft wiederherzustellen, bereiteten die bedrohten italischen Städte umfassende Abwehrmaßnahmen vor. Vor Aquileia kam es zur Entscheidung. Da Maximinus die fanatisch verteidigte Stadt nicht einnehmen konnte, ließ ihn sein durch die Strapazen zermürbtes Heer fallen. Der Kaiser und sein Sohn wurden erschlagen, die Armee lief zur Gegenseite über. Doch in Rom brachen erneut chaotische Auseinandersetzungen aus.

In Straßenschlachten, die von Brandstiftungen begleitet waren, suchte die illyrische Garde ihre Macht und ihre Privilegien gegen die *plebs urbana* zu verteidigen. Pupienus und Balbinus fanden den Tod. Gordian III. wurde schließlich zum alleinigen Kaiser ausgerufen und konnte seine Herrschaft zunächst auch behaupten.

Die dramatischen Vorgänge des Jahres 238 n. Chr. sind auch für die Folgezeit von exemplarischer Bedeutung. Sie dokumentieren den Zerfall der bisherigen Interessenidentität. Wenn es auch falsch ist, die erbitterten Auseinandersetzungen auf den Antagonismus zwischen Stadt und Land oder auf jenen zwischen Militär und Zivilisten zurückzuführen, so zeigen diese doch, mit welcher Brutalität und Konsequenz die Partialinteressen durchgesetzt wurden. Dazu sollten die alten Rivalitäten zwischen den einzelnen Heeresgruppen ebenso treten wie die regionalen Prioritäten.

Angesichts der verwirrenden Vielfalt der Fakten und der Geschehensstränge, welche in den folgenden Jahrzehnten die innere Entwicklung prägten, können im weiteren lediglich die Hauptlinien der Ereignisgeschichte sowie die wichtigsten Stationen des Gesamtablaufs skizziert werden. Auch auf eine vollständige Liste der häufig nur wenige Wochen herrschenden Usurpatoren sowie der nur kurzfristig regierenden Kaiser ist zu verzichten.

*Gordian III.* war im Alter von 13 Jahren zur Macht gelangt, doch er verfügte zunächst über loyale Kommandeure und Mitarbeiter, die seine Herrschaft stützten. Der bedeutendste von ihnen war der Prätorianerpräfekt Timesitheus, der 243 n. Chr. eine erfolgreiche Gegenoffensive gegen die Sassaniden leitete und dabei Nisibis und Singara einnehmen konnte. Nach dessen Tod übernahm faktisch *Philippus Arabs* das Kommando, ein Araberscheich aus dem Hauran, der schon 244 n. Chr. die Macht an sich riß, die er fünf Jahre lang behauptete. Nach einem Kompromißfrieden mit den Sassaniden kehrte Philippus nach Rom zurück, wo er die Herrschaft seiner neuen Dynastie durch ein betont gutes Einvernehmen mit dem Senat zu sichern suchte. Inmitten fortwährender Kämpfe an der unteren Donau wurde 248 n. Chr. demonstrativ die Tausendjahrfeier Roms begangen, die die alte Tradition des Imperiums wiederbeleben sollte.

Daran knüpfte auch Philippus' Nachfolger, *Traianus Decius* (249–251 n. Chr.), an, der nach seiner militärischen Bewährung an der Donau sogleich eine systematische Restaurationspolitik einleitete. Dessen Überzeugung, daß die komplexe Krise seiner Gegenwart gemäß den altrömischen Vorstellungen auf Sittenverfall und Glaubensverlust zurückzuführen sei, schlug sich im Sommer des Jahres 250 n. Chr. in einem Edikt nieder, das für sämtliche Reichsbewohner die Teilnahme an öffentlichen Opfern für die offiziellen Götter des Staates dekretierte.

Die in bürokratischer Perfektion durchgeführten Maßnahmen wurden lückenlos exekutiert, über die Teilnahme am Opfer ein von Zeugen bestätigter schriftlicher *libellus* ausgestellt. In seiner Auswirkung führte dieses Edikt zur ersten systematischen Christenverfolgung, obwohl dies vermutlich nicht die primäre Absicht des Traianus Decius gewesen ist.

An der militärischen Gesamtlage änderte die erzwungene Glaubensdemonstration freilich nichts, an der Donau gingen die Kämpfe gegen Karpen und Goten weiter. Decius wurde bei Beroea vernichtend geschlagen und fand ein halbes Jahr später mit seinem Sohn bei Abrittus in der Dobrudscha den Tod. Die Christen konnten über den Untergang des Verfolgers triumphieren. Aus weiteren turbulenten inneren Machtkämpfen ging schließlich der von den rätischen Truppen zum Kaiser erhobene *Valerian* (253–260 n. Chr.) als Sieger hervor. Er ernannte sogleich seinen Sohn *Gallienus* (253–268 n. Chr.) zum vollberechtigten Mitherrscher, der den Oberbefehl im Westen übernahm. Valerian selbst kommandierte im Osten und geriet dabei, wie schon erwähnt, in Gefangenschaft.

Die lange Dauer der Regierung des Gallienus täuscht. Die Kämpfe am Rhein führten nicht zur Konsolidierung der Lage. Auch in den übrigen Reichsteilen riß die Kette der Usurpationen nicht ab, Gallienus lavierte von Krise zu Krise. Seine kulturellen Interessen, die sich in seiner Einweihung in die

Eleusinischen Mysterien ebenso manifestierten wie in seiner Verbindung mit der neuplatonischen Philosophie Plotins und in der Ausprägung eines neuen künstlerischen Stilideals, der „gallienischen Renaissance", mußten provozieren. Nicht weniger galt dies für seinen Lebensstil. Darüber ging die Anerkennung einzelner, durchaus sinnvoller Maßnahmen, wie der Formierung eines zentralen Kavalleriekorps, das rasch an die Brennpunkte der Verteidigung zu verlegen war, verloren.

Auf die Ermordung des Gallienus vor Mailand (268 n. Chr.) folgte eine Reihe bedeutender Kaisergestalten, die nach großen militärischen Erfolgen die Einheit des Imperiums wiederherstellen und erneut stabilisieren konnten: Claudius Gothicus (268–270 n. Chr.), Aurelian (270–275 n. Chr.), Probus (276–282 n. Chr.), schließlich die Herrschaft des Carus und seiner Söhne (282–285 n. Chr.), die nach erneuten Kämpfen an *Diokletian* überging. Es hatte den Anschein, als wäre in dem verwirrenden und brutalen Geschehen nur ein weiterer Soldatenkaiser an die Spitze des Reiches getragen worden. Doch so tief Diokletian in deren Epoche wurzelte, so begann mit ihm doch ein neuer Abschnitt der Geschichte des Mittelmeerraumes, die Spätantike.

# XII. Anhang

## Zeittafel

### Iulisch-Claudische Dynastie

| | |
|---|---|
| 27 v. – 14 n.Chr. | Augustus |
| 27 v.Chr. | Verrechtlichung des Principats |
| 12–7 v. – 4–6 n.Chr. | Vorstöße nach Germanien |
| 6–9 n.Chr. | Dalmatisch-Pannonischer Aufstand |
| 9 | Katastrophe des Varus |
| 14–37 | Tiberius |
| 37–41 | Caligula |
| 41–54 | Claudius |
| 43 | Provinz *Britannia* |
| 46 | Provinz *Thracia* |
| 54–68 | Nero |
| 58–63 | Feldzüge des Corbulo in Armenien |
| 64 | Brand Roms, Christenverfolgung |
| 66 | Griechenlandreise Neros |
| 67–70 | Jüdischer Aufstand |
| 68–69 | Galba, Otho, Vitellius |

### Flavische Dynastie

| | |
|---|---|
| 69–79 | Vespasian |
| 70 | Einnahme Jerusalems durch Titus |
| 79–81 | Titus |
| 79 | Vesuvausbruch |
| 81–96 | Domitian |
| ca. 90 | Provinzen *Germania inferior* und *superior*; Limes |

### Adoptivkaisertum

| | |
|---|---|
| 96–98 | Nerva |
| 98–117 | Traian |
| 106 | Provinz *Arabia* |
| 107 | Provinz *Dacia* |
| 114–117 | Partherkrieg |
| 117–138 | Hadrian |
| 132–135 | Bar Kochba-Aufstand |
| 138–161 | Antoninus Pius |
| 161–180 | Mark Aurel |
| 162–166 | Partherkrieg des L. Verus |
| 166 | Pest |
| 166–180 | Kämpfe an der Donau |
| 177 | Commodus Mitregent |
| 180–192 | Commodus |
| 193/5 | Fünfkaiserzeit: Pertinax, Didius Iulianus, Pescennius Niger, Clodius Albinus, Septimius Severus |

### Severische Dynastie

| | |
|---|---|
| 193–211 | Septimius Severus |
| 195, 197–199 | Partherkriege |
| 208–211 | Britannienfeldzug |
| 211–217 | Caracalla |
| 212 | Constitutio Antoniniana |
| 218–222 | Elagabal |
| 222–235 | Severus Alexander |

## Soldatenkaiser

| | | | |
|---|---|---|---|
| 235–238 | Maximinus Thrax | 259–273 | Gallisches Sonderreich |
| 238–244 | Gordian III. | 262–273 | Palmyrenisches Son- |
| 244–249 | Philippus Arabs | | derreich |
| 248 | Tausendjahrfeier Roms | 268–270 | Claudius Gothicus |
| 249–251 | Decius | 270–275 | Aurelian |
| 250 | Opferedikt | 275/6 | Tacitus |
| 253–260 | Valerian | 276–282 | Probus |
| 260 | Valerian gerät in die | 282–283 | Carus |
| | Gefangenschaft | 283–284 | Numerianus |
| | Schapurs I. | 283–285 | Carinus |
| 253–268 | Gallienus, „Zeit der | 284–305 | Diokletian, Beginn der |
| | 30 Tyrannen" | | Spätantike |

# Bildnachweis

# Literaturhinweise

Die folgenden bibliographischen Angaben wurden auf jene grundlegenden neueren und klassischen Werke deutscher Sprache konzentriert, die wei-tere Informationen vermitteln und auch auf die internationale Spezialliteratur zu den einzelnen Feldern verweisen.

G. Alföldy, Römische Sozialgeschichte. Stuttgart 1984[3].
G. Alföldy, Die Krise des Römischen Reiches. Stuttgart 1989.

B. Andreae, Die Römische Kunst. Freiburg 1999.

F. M. Ausbüttel, Die Verwaltung des Römischen Kaiserreiches. Darmstadt 1998.

K. Baus, Von der Urgeschichte zur frühchristlichen Großkirche. Freiburg 1963[2].

T. Bechert, Die Provinzen des Römischen Reiches. Mainz 1999.

H. Bellen, Grundzüge der Römischen Geschichte. 2: Die Kaiserzeit von Augustus bis Diocletian. Darmstadt 1998.

J. Bleicken, Verfassungs- und Sozialgeschichte des römischen Kaiserreiches. 2 Bde. Paderborn 1989–94[3].

J. Bleicken, Augustus. Eine Biographie. Berlin 1998.

H. Chantraine, Ausgabenpolitik, Defizite und Sanierung des Staatshaushaltes in den beiden ersten Jahrhunderten der römischen Kaiserzeit, in: Gesellschaft und Universität. Mannheim 1982, 207–242.

K. Christ, Römische Geschichte und deutsche Geschichtswissenschaft. München 1982.

K. Christ, Die Römer. Eine Einführung in ihre Geschichte und Zivilisation. München 1994[3].

K. Christ, Geschichte der römischen Kaiserzeit. Von Augustus bis zu Konstantin. München 1995[3].

K. Christ, Krise und Untergang der Römischen Republik. Darmstadt 2000[4].

M. Clauss, Mithras. Kult und Mysterien. München 1990.

M. Clauss (Hrsg.), Die römischen Kaiser. München 1997.

M. Clauss, Kaiser und Gott. Herrscherkult im römischen Reich. Stuttgart 1999.

W. Dahlheim, Geschichte der Römischen Kaiserzeit. München 1989[2].

W. Dahlheim, Die Antike. Paderborn 1995[4].

A. Demandt, Das Privatleben der römischen Kaiser. München 1997[2].

Fr. De Martino, Wirtschaftsgeschichte des alten Rom. München 1991[2].

A. Dihle, Die griechische und lateinische Literatur der Kaiserzeit. München 1989.

G. Dulckeit – F. Schwarz – W. Waldstein, Römische Rechtsgeschichte. München 1995[9].

W. Eck, Die staatliche Organisation Italiens in der Hohen Kaiserzeit. München 1979.

W. Eck, Die Verwaltung des Römischen Reiches in der Hohen Kaiserzeit. 2 Bde. Basel 1995–98.

W. Eck (Hrsg.), Lokale Autonomie und römische Ordnungsmacht in den kaiserzeitlichen Provinzen vom 1. bis 3. Jahrhundert. München 1999.

D. Flach, Römische Agrargeschichte. München 1990.

K. S. Frank, Grundzüge der Geschichte der Alten Kirche. Darmstadt 1993[3].

M. Fuhrmann, Seneca und Kaiser Nero. Berlin 1997.

M. Fuhrmann, Geschichte der römischen Literatur. Stuttgart 1999.

J. F. Gardner, Frauen im antiken Rom. München 1995.

F. Graf (Hrsg.), Einleitung in die lateinische Philologie. Stuttgart 1997.

P. Guyot – R. Klein (Hrsg.), Das frühe Christentum bis zum Ende der Verfolgungen. Darmstadt 1997.

D. Hägermann – H. Schneider, Landbau und Handwerk. 750 v. Chr. bis 1000 n. Chr. Berlin 1991.

F. Jacques – J. Scheid, Rom und das Reich in der Hohen Kaiserzeit. 1: Stuttgart 1998.

K.-P. Johne (Hrsg.), Gesellschaft und Wirtschaft des Römischen Reiches im 3. Jahrhundert. Berlin 1993.

E. Kettenhofen, Die römisch-persischen Kriege des 3. Jahrhunderts n. Chr. Wiesbaden 1982.

D. Kienast, Römische Kaisertabelle. Darmstadt 1996[2].

H. Kloft, Die Wirtschaft der griechisch-römischen Welt. Eine Einführung. Darmstadt 1992.

P. Kneißl, Die Siegestitulatur der römischen Kaiser. Göttingen 1969.

P. Kneißl – V. Losemann (Hrsg.), Imperium Romanum. Studien zu Geschichte und Rezeption. Stuttgart 1998.

I. König, Die gallischen Usurpatoren von Postumus zu Tetricus. München 1981.

F. Kolb, Rom. Die Geschichte der Stadt in der Antike. München 1995.

K. Latte, Römische Religionsgeschichte. München 1960.

Y. Le Bohec, Die römische Armee. Stuttgart 1993.

B. Meißner, Die technologische Fachliteratur der Antike. Berlin 1999.

Th. Mommsen, Römische Geschichte. 5. (erstmals 1885). Berlin 1933[11].

Th. Mommsen, Römische Kaisergeschichte. Nach den Vorlesungsmanuskripten von Sebastian und Paul Hensel 1882/86. Hrsg. von B. und A. Demandt. München 1992.

R. Muth, Einführung in die griechische und römische Religion. Darmstadt 1998[2].

K. L. Noethlichs, Das Judentum und der römische Staat. Darmstadt 1996.

M. R.-Alföldi, Bild und Bildersprache der römischen Kaiser. Mainz 1999.

M. Rostovtzeff, Gesellschaft und Wirtschaft im römischen Kaiserreich. 2 Bde. Leipzig 1931. NDr. Aalen 1985.

R. Syme, Die römische Revolution. Hrsg. von W. Dahlheim. München 1992.

H. Temporini, Die Frauen am Hofe Trajans. Berlin 1978.

F. Vittinghoff (Hrsg.), Europäische Wirtschafts- und Sozialgeschichte in der römischen Kaiserzeit. Stuttgart 1990.

J. Vogt, Der Niedergang Roms. Metamorphose der antiken Kultur von 200 bis 500. Zürich 1965.

J. Wiesehöfer, Das antike Persien. Zürich 1994.

P. Zanker, Augustus und die Macht der Bilder. München 1997[3].

# Register